Liebe Café-Liebhaber,
kommen Sie mit!

Wen begeistert nicht der Duft von frisch aufgebrühtem Kaffee oder Tee, wer kann einem süßen Stückchen aus der Kuchentheke widerstehen, oder wer sagt Nein zu einem opulenten Frühstück, das mit Liebe arrangiert und mit einem Lächeln serviert wird?
Wir haben Autoren, Freunde, Blogger und Kollegen aus allen Teilen Deutschlands gebeten, uns ihre absoluten Lieblingscafés vorzustellen. Das Resultat ist ein buntes Kaleidoskop unterschiedlichster Cafés mit jeweils ganz besonderer Note. Sei es, weil die Torten unglaublich lecker sind, sei es, weil die Herzlichkeit nicht zu überbieten ist, weil das Ambiente fasziniert und man stöbern und shoppen kann. Oder einfach, weil man dort rund um die Uhr frühstücken kann. Natürlich gibt es noch jede Menge anderer hübscher Cafés, keine Frage. Unsere Favoriten – das sind die folgenden. Begleiten Sie uns auf eine ganz besondere Entdeckungsreise. Viel Spaß dabei!

Herzlichst Ihre Jutta Kässinger

Fotos (Titel): Annabatterie; Isabella Patisserie; Balz und Balz; Tia Emma; hej Papa (2); soul vegan; Foto S. 3: Jan Deichner für Hubert Burda Media

Inhalt

„In 16 Bundesländern unterwegs, um Ihnen unsere Favoriten vorzustellen."

Lieblingscafés

141 ausgewählte Adressen

Fotonachweise: siehe jeweilige Seiten

Cafés zum Verlieben in Baden-Württemberg

Auch im Land der Tüftler und Denker sehnt man sich ab und an nach einer Verschnaufpause. Ganz schön sympathisch, was sich die Gastwirte im Südwesten hierfür so einfallen lassen

Foto: Christine Neder/www.lilies-diary.com

Frisch, fair und umwerfend freundlich: das Café Da

Feine Kaffeeröstungen zu „raw" Cupcakes und Torten sind nur ein winziger Teil von Daniela Emrichs Verwöhnprogramm

Hieße das Viertel im Herzen Stuttgarts nicht bereits „Bohnenviertel", müsste man es spätestens jetzt auf diesen Namen taufen. Denn die Bohnen, die Daniela im „Café Da" frisch gemahlen in der Marzocco-Siebträgermaschine in duftende Espressogetränke verwandelt oder im Handfilter in leckeren Filterkaffee, sind tatsächlich etwas Besonderes: Sie werden bei niedriger Temperatur geröstet und stammen – wie übrigens auch der feine Tee – aus direktem Handel.

Die ausgewählten Bio-Grüntees werden ganz stilecht in hübschen japanischen Kännchen kredenzt und bis zu zwei weitere Male aufgegossen.

„‚Da' heißt auf Rumänisch ‚ja'. Für das einladende Café der perfekte Name."

Wer im Sommer draußen unter den Kastanienbäumen sitzt, dem steht der Sinn vielleicht nach einem kühlen Cold Brew auf Eis, den Daniela und ihr Team selbst herstellen. Toll erfrischend sind auch das Ginger Ale aus selbst gekochtem Ingwersirup und die feinen Kreationen aus Tübinger Holunderblütensirup.

Nicht zu vergessen, was Daniela alles aus dem Ofen – oder eben ohne, nämlich „raw" – zaubert: klassische Kuchen wie Carrot Cake oder „Omis Käsekuchen", aber auch ihre roh-veganen Mandel-Cashew-Cupcakes mit Heidelbeeren, mit denen sie sogar schon Nicht-Veganer rumgekriegt hat.

So erreichen Sie uns

Öffnungszeiten Dienstag–Donnerstag 9–18 Uhr, Freitag und Samstag 9–20 Uhr, Sonntag, Montag, an Feiertagen geschlossen

Adresse Brennerstraße 29, 70182 Stuttgart

Telefon 01575 1556207

E-Mail info@cafeda.de, Reservierungen per Mail

Online www.cafeda.de

Fotos: Julia Ngyuen/www.portfolio.julianguyen.de

Fotos: Stefanie Leiter; Ulrike Schacht für „Sugar Girls"/Callwey Verlag

Ein Stück vom Glück, hausgemacht: Café Glücklich

Kaffee und Kuchen in hinreißendem Wohnzimmer-Ambiente – und wenn der Stuhl eingesessen ist, kann man ihn kaufen

Der Name ist Programm – und Inhaberin Stefanie Leiter der lebende Beweis: Die Ravensburgerin bekommt ihr Stück vom Glück schließlich hoch dosiert und täglich, was ihr prima zu Gesicht steht. Gut gelaunt schneidet sie ein Stück saftigen Schoko-Kuchen ab und erzählt, wie sie hinter die Theke des gemütlichen Wohnzimmer-Cafés mit den Blümchentapeten kam.

„Komm vorbei und hol dir dein ganz eigenes Stück vom Glück – wir freuen uns auf dich.“

Ihre Freunde konnten nicht mehr, erzählt sie und muss schon wieder lachen. Stefanies Faible fürs Kuchenbacken zwang ihre Liebsten nämlich dazu, Unmengen zu vertilgen. Und irgendwann waren sie so satt, dass sie ihr lieber beim Streichen, Tapezieren und Möbelrenovieren für das künftige Café halfen, als weiter essen zu müssen. So die Legende.

Längst sind alle zufrieden, um nicht zu sagen: glücklich. Stefanie in ihrem neuen Job im Café, die Freunde, die die Kuchen inzwischen wieder genießen können, und die Gäste, die es hier so reizend finden, dass sie oft gar nicht mehr nach Hause wollen. Doch auch da hat Stefanie eine Lösung: Das komplette Mobiliar ist zu verkaufen – man kann sich also ein Stück vom Glück mit nach Hause nehmen. Derweil wird in der Glückswerkstatt nebenan schon der Nachschub renoviert.

So erreichen Sie uns

Öffnungszeiten Montag–Samstag 9–18 Uhr
Sonntag geschlossen
Adresse Grüner-Turm-Straße 25, 88212 Ravensburg
Telefon 0751/95862146
E-Mail info@cafeguecklich.com **Online** www.cafeguecklich.com
Facebook Cafe glücklich Ravensburg

Kulinarische Ganztags-Betreuung: Café Lumen

Vom tollen Frühstück bis zum stilvollen Drink: Der Treffpunkt im Stuttgarter Westen hat immer etwas Leckeres am Start

Ganz schön hell für eine Eckkneipe ist das „Café Lumen“. Kein Wunder, denn Lumen bedeutet Licht – und so sorgen die weißen Wände und die Vintage-Tische und -Stühle für ordentlich Glanz in der Hütte. Den Rest besorgen die strahlenden Gesichter der Frühstücksgäste – etwa nach einem „Spiegelbrot“ (zwei Spiegeleier auf geröstetem Bauernbrot mit Bergkäse und geräuchertem Schinken) oder duftenden Pfannkuchen. **Doch das „Lumen“ kann auch raffiniert:** So werden an Wochenenden etwa mediterrane oder auch orientalische Frühstückskreationen gereicht – mit Prosciutto-Rührei, Avocado-Aufstrich, Chia-Brot …

„Von morgens bis abends eine Oase der Genüsse – drinnen wie draußen.“

Später geht's gleich köstlich weiter: Der Mittagstisch bietet täglich vier bis fünf wechselnde Gerichte – und wer dann immer noch nicht satt ist, der schreitet weiter zur Kaffeetafel, die von einer nahen Konditorei beliefert wird. Abends glänzt die Karte z. B. mit „Hühner-Avocado-Salat 2.0“ mit Kokos-Chips, saftigem Hähnchenspieß, Limetten, Honig und frischem Joghurt oder einem zarten Rib-Eye-Steak vom Grill mit hausgemachter Zitronen-Estragon-Butter. Noch ein Absacker gefällig? Das lässt sich das Barteam nicht zweimal sagen und setzt dem perfekten „Lumen“-Tag noch ein Krönchen auf.

So erreichen Sie uns

Öffnungszeiten Montag–Donnerstag und Sonntag 9–24 Uhr
Freitag und Samstag 9–1 Uhr, kein Ruhetag
Adresse Schwabstraße 65, 70197 Stuttgart
Telefon 07 11/67 43 50 80
E-Mail mail@lumen-stuttgart.de
Online www.lumen-stuttgart.com **Facebook** Lumen

Fotos: Lumen

Fotos: Corinna Spitzbarth/www.corinnaspitzbarth.de

Manufaktur-Café Animo: Ein Ort mit Seele

Frühstück in der Werkstatt einer Porzellan- und Lampen-Werkstatt: Vom Kuchen bis zum Geschirr ist alles hausgemacht

Animo" bedeutet „Seele", „Geist", aber auch „Sinn" oder „Verstand". Und all das spürt man in dem hübschen, lichtdurchfluteten Café, das Teil der Porzellan- und Lampen-Manufaktur Eiden ist. Kein Stuhl gleicht dem anderen, der alte Holzfußboden erzählt Geschichten, Lampen-Rohlinge und fertige Tassen stapeln sich an der Wand. Und natürlich werden das Frühstück, die hausgemachten Kuchen und wechselnden Mittagsgerichte auf ebenso hausgemachtem Porzellan serviert.

Mittags wählt man zum Beispiel zwischen einem bunten Salatteller mit gebratenem Ziegenkäse mit Mandelkruste und Honig oder frischer Pasta „Triangoli" mit Mascarpone-Zitrone-Füllung, zu der eine Buttersoße mit Kräutern, Kirschtomaten und Rucola gereicht wird. Doch das „Café Animo" kann noch viel mehr.

Abends wandelt sich der Raum bisweilen in eine kleine Musikbühne, in ein Kino oder einen Vortragssaal. Großen Anklang finden auch die interkulturellen Abende, die über das hinausgewachsen sind, als was sie einst begannen: ein Zusammentreffen von Geflüchteten und Heimischen. Heute kommen alle – auch Zugezogene und „Eingeborene"... Und sie alle sind Teil der bunten Seele dieses außergewöhnlichen Ortes.

„Von Frühstück bis Kulturprogramm: Das Café in der Werkstatt kann fast alles."

So erreichen Sie uns

Öffnungszeiten Dienstag–Freitag 7.30–18 Uhr
Samstag und Sonntag 9–18 Uhr, Montag und feiertags geschlossen
Adresse Syrlinstraße 17, 89073 Ulm
Telefon 0731/9642937
E-Mail info@animo-ulm.de **Online** www.cafe-animo.de
Facebook Manufaktur-Café ANIMO

Eine dufte Idee: Blumen und Kaffee im mamaMaria

Marie-Luise Krämer hat ein ziemlich „symbadisches“ Konzept: Sie verbindet Rosen und Chichi mit Kuchen und Kaffee

Wo Blumen blühen, lächelt die Welt.“ Wenn es nach dem Zitat des US-amerikanischen Philosophen Ralph Waldo Emerson geht, sitzt man quasi mit einem Dauergrinsen im „mamaMaria – Blumen & Café“ im badischen Offenburg. Denn in dem Ladengeschäft blühen Gerbera Freesien und Ranunkeln, Rosen, Orchideen sowie viele weitere Blümchen um die Wette. Doch damit nicht genug.

„Inmitten von Blumen und Köstlichkeiten erleben Sie Genuss für alle Sinne.“

Nach dem Motto Florales und Feines bietet Inhaberin Marie-Luise Krämer neben kreativem und saisonal wechselndem Blumenschmuck nämlich auch noch Kaffee, selbst gebackene Kuchen und kleine Mahlzeiten wie Suppe oder Antipasti an. Wer in dem duften Ambiente länger verweilen möchte, kann auch ein reichhaltiges Frühstück einnehmen. Umgeben von herrlichem Blumenschmuck sowie allerlei Schmückendem für Haus und Garten, schweift der Blick dabei ausgiebig über die liebevolle Deko, und nicht selten findet sich dabei das ein oder andere Stück für die eigenen vier Wände.

Marie-Luise hat eine Passion für Blumen, sie liebt aber auch das Kuchenbacken und ist gern von schönen Dingen umgeben. Mit ihrem duften Konzept kann sie alles perfekt miteinander verbinden. Die Gäste lieben es!

So erreichen Sie uns

Öffnungszeiten Dienstag–Freitag 9.30–18 Uhr
Samstag 9.30–13 Uhr, Sonntag und Montag geschlossen
Adresse Franz-Volk-Straße 16, 77652 Offenburg
Telefon 0162 4298970
E-Mail mama@mamamaria.de **Online** www.mamamaria.de
Facebook mamaMaria

Foto: burdafood.net/Sweet Dreams/Maria Panzer

Fotos: Sarina Kullmann Fotografie/www.sarinakullmann.de

Handverlesenes in der Perle Kaffeebar

Wie zu Hause fühlen sich die Gäste hier – und haben in ihrem „zweiten Wohnzimmer“ gleich eine Theatergruppe gegründet

Janina Krämer und Christian Brödel haben's gut: Sie arbeiten quasi im eigenen Wohnzimmer. So nämlich fühlt sich die „Perle Kaffeebar“ an – eingerichtet mit Flohmarktfunden und modernen Stücken: die bunten Lampen über der Theke von einer Designerin aus Karlsruhe; die Holzelemente im Barbereich und die Tische von einem befreundeten Schreiner; das Potpourri aus Stühlen und der pastellfarbene „Stammtisch“ von Flohmärkten…

„Die Perle ist ein Schmuckstück im tollen Viertel Lindenhof am Rhein.“

Ebenso bunt ist die Gästeschar: Von drei Monate bis 93 Jahre alt sind die Fans – und aus ihnen ist sogar eine Improvisations-Theatergruppe entstanden: „Die Improperlen“, die jeden ersten Samstag im Monat in der „Perle“ auftreten. Außerdem finden in der Kaffeebar Kunst- und Fotoausstellungen, Konzerte und Weinproben statt – und im Advent gibt's sogar einen kleinen Weihnachtsmarkt.

So wie Perlen, handverlesen, so suchen auch Janina und Christian die Zutaten für ihre – fast ausschließlich hausgemachten – Leckereien aus. Am liebsten kaufen sie in der Nähe ein, viele Produzenten kennen sie persönlich. So kommen die Kaffeebohnen aus einer Bio-Rösterei in Karlsruhe, das Brot von einer Bäckerei aus Ludwigshafen und der feine Bergkäse direkt aus dem Allgäu.

So erreichen Sie uns

Öffnungszeiten Mittwoch und Donnerstag 9–18 Uhr
Freitag–Samstag 9–23 Uhr, So. 9–18 Uhr, Mo. und Di. geschlossen
Adresse Meerfeldstraße 59, 68163 Mannheim
Telefon 06 21/86 08 20 35 **E-Mail** perle-kaffeebar@gmx.de
Online www.facebook.com/PerleKaffeebar
Facebook Perle Kaffeebar

Heidelberg

Café glücklich
Ein gemütlicher Ort für jedermann

Wer in Heidelberg richtig glücklich sein möchte, sollte den Philosophenweg entlangschlendern und in der Landhausstraße 3 ein Päuschen im Café mit dem zielführenden Namen einlegen. Denn hier verwöhnt Conny Koller ihre Gäste mit köstlichen Panini, kreativen Desserts wie dem Nutella-Tiramisu und selbst gebackenen Kuchen und Torten. Kosten Sie z. B. die Oreo-Schoko-Creme oder den Beerentraum – so schmeckt pures Glück!

So erreichen Sie uns

Öffnungszeiten
Di.–So. 9.30–16 Uhr
Montag Ruhetag
Adresse Landhausstraße 3, 69115 Heidelberg
Telefon 0 62 21/6 73 72 74
E-Mail cafe@gluecklich-heidelberg.de
Online www.gluecklich-heidelberg.de

Reutlingen

Shoppen und stilvoll Leckeres genießen
Benz Mode-Café

„Allem kann ich widerstehen, nur der Versuchung nicht“, sagte Oscar Wilde. Ein passendes Motto für das „Benz Mode-Café“, denn Versuchungen gibt es hier in jeder Ecke. Selbst gebackene Kuchen, wunderbares Frühstück, hausgemachte Spezialitäten – und als sei das nicht genug Verlockung, warten auf der anderen Seite exklusive Damenmode und tolle Accessoires auf Sie. Lassen Sie sich verführen!

So erreichen Sie uns

Öffnungszeiten
Café: Di.–Fr. 10–19, Sa. 10–18 Uhr
Laden: Mo.–Fr. 10–19, Sa. 10–18 Uhr
Adresse Oberamteistr. 8–12, 72764 Reutlingen
Tel. 0 71 21/30 03 74
E-Mail info@benzmodecafe.de
Online www.benzmodecafe.de

Fotos: Café Glücklich; Benz Mode Café: Thomas Kiel

Forst bei Bruchsal | Baden

Im Sellawie dem Leben ein Zuhause geben

Das Leben ist mitunter so turbulent, dass die Seele kaum mehr mitkommt. Deshalb träumte Bianca Bleier schon lange davon, einen Ort zu schaffen, an dem die Menschen Hektik und Alltag hinter sich lassen, auftanken und sich wohlfühlen können.

Wahr wurde dieser Wunsch mit dem „Sellawie". Angelehnt an den französischen Ausspruch „C'est la vie", was so viel bedeutet wie „Man muss das Leben nehmen, wie es kommt", hat sie eine alte Scheune umgebaut und zusammen mit vier Freundinnen ein Ladencafé eröffnet. Im stilvollen Ambiente gibt es hier eine Vielzahl an Dingen, die Leib und Seele guttun: Wohn-Accessoires im nordischen Stil, Kissen, Raumdüfte, Feinkost und Schmuck. Aber natürlich auch Kaffee, Tee und Kuchen.

„In einer oft rauen Wirklichkeit wollen wir ein Rastplatz für die Seele sein."

So erreichen Sie uns

Öffnungszeiten
Di. und Mi. 9–18 Uhr, Do. und Fr. 9–22 Uhr, Sa. 9.30–13 Uhr
So. und Mo. geschlossen

Adresse Hambrücker Str. 30, 76694 Forst **Tel.** 07251/3227875
E-Mail info@sellawie.de
Online www.sellawie.de

Fotos: Sellawie

Am Wochenende zu *Fräulein Berger* zum Frühstück

Wie wäre es zur Abwechslung mal mit einer kleinen Zeitreise in die „Swinging Sixties"? Zwischen niedrigen Samtsesseln, Nierentischen und wuchtigen Röhrenradios fühlt man sich bei „Fräulein Berger" um Jahre zurückversetzt. Doch spätestens, wenn das Frühstück (von Freitag bis Sonntag) serviert wird, kommt man nur zu gerne wieder im Heute an. Ob Wurstliebhaber, Vegetarier oder Veganer, hier kommt wirklich jeder auf seine Kosten.

So erreichen Sie uns

Öffnungszeiten
Di.–Sa. 9–20 Uhr, So. 10–18 Uhr
Montag geschlossen
Adresse Herrenkellergasse 14, 89073 Ulm
Telefon 0731/60288933
Facebook www.facebook.com/cafefraeuleinberger

Süßes Glück im Doppel *Blumencafé Rosenstübchen*

Einfach nur ein Stück Kuchen auf dem Teller? Das gibt's bei Tanja Matt nicht. Wer sich bei der großen Auswahl nicht entscheiden kann, wählt einfach zwei Sorten und bekommt jeweils ein kleines Stück, Sahne inklusive – und somit dreifaches Glück! Und wen die einladende Dekoration im Rosen-Stil inspiriert, kann vieles auch kaufen: Das liebevoll eingerichtete Café ist zugleich Ladengeschäft für all die verspielten Accessoires, die Tanja Matt so liebt.

So erreichen Sie uns

Öffnungszeiten
Do.–Mo. 10–18 Uhr
Di. und Mi. geschlossen
Adresse Dorfplatz 1, 79692 Kleines Wiesental
Telefon 07673/7450
E-Mail info@rosenstuebchen.de
Online www.rosenstuebchen.de

Fotos: Fräulein Berger: Christine Neder/www.lilies-diary.com; Blumencafé Rosenstübchen

Kaffeehaus-Träume im Freistaat *Bayern*

Wer meint, die bayerische Küche kommt überwiegend deftig und traditionell blau-weiß daher, kennt die kreativ-bunte Café-Szene noch nicht. So was von „siass“!

Foto: Ulrike Schacht für „Sugar Girls“/Callwey Verlag

Foto: Café ZimtZicke

Ein Gefühl von „Dahoam“ im Café ZimtZicke

Wohnzimmer-Atmosphäre im Großstadt-Dschungel gesucht? Dann ist die Elsässer Straße in Haidhausen eine gute Adresse

Heimelig, herrlich grün und fernab von jeglichem Münchner Schicki-Micki-Gehabe. Dafür bestückt mit wunderschönen Plätzen, Kneipen und netten Cafés. In Stadtviertel Haidhausen erinnert vieles mehr an ein Dorf als an eine Großstadt.

Unkompliziert-lässig geht es in dem Kiez zu. Und genauso leger präsentiert sich das Café „ZimtZicke“ unweit des Ostbahnhofs. Das Inventar ist so bunt zusammengewürfelt wie die Tassen und Teller, auf denen das Frühstück oder auch die feinen hausgemachten Kuchen serviert werden. Montags dürfen sich die Gäste auf „Omas Scheiterhaufen“ freuen, mittwochs gibt es duftende Apfel-Zimtschnecken und freitags, da ist Nussecken-Tag. Langschläfer kommen täglich bis 16 Uhr in den Genuss eines leckeren Frühstücks.

> „Aufgepasst! Jeden Mittwoch ist bei uns Apfel-Zimtschnecken-Tag.“

Mit viel Liebe widmet sich Inhaberin Nora Wolf der Zubereitung ihrer überwiegend süßen Leckereien, die man im hellen Café oder im gemütlichen Wohnzimmer-Separee genießen kann, an warmen Tagen auch an einem der Tische draußen. Die Gäste sollen in der „ZimtZicke“ vor allem zur Ruhe kommen und sich entspannen. Denn in einem Punkt hält es Nora Wolf genau wie Balu, der Bär aus dem Dschungelbuch: „Mit Gemütlichkeit kommt auch das Glück zu dir!“

So erreichen Sie uns

Öffnungszeiten Montag–Freitag 8–17 Uhr
Samstag, Sonntag und an Feiertagen 9–17 Uhr
Adresse Elsässer Str. 25, 81667 München
Telefon 089/80991463
E-Mail chefin@cafe-zimtzicke.de **Online** www.cafe-zimtzicke.de
Facebook Zimtzicke Café & Wohnzimmer

Im Café Lotti werden Mädchenträume wahr

Umgeben von sanften Farben und freundlichen Menschen fühlt man sich hier ein bisschen wie auf einem rosaroten Wölkchen

Sabrina Lorenz liebt Menschen und sie liebt die Begegnung mit ihnen. So hatte sie schon als kleines Mädchen den Wunsch vom eigenen Café. Dass es so schnell ging und sie bereits im zarten Alter von 21 Jahren ihr „Café Lotti“ eröffnete, kam dann selbst für die gebürtige Ambergerin ein wenig überraschend. Doch die Gelegenheit war ideal.

„Aus meinem Café sollst du glücklicher rausgehen, als du reingekommen bist.“

Neun Jahre ist das her, und Sabrinas Café gehört längst zu den erfolgreichsten in München. Ihr Geheimnis? Die Menschen stehen bei der Unternehmerin immer noch im Mittelpunkt, und auch ihre Mitarbeiter sowie Partner sucht sie mit großer Sorgfalt aus. Denn nur wenn alle glücklich sind, ziehen sie an einem Strang. Diese Harmonie überträgt sich. Betritt man das Café, stellt sich sofort ein Wohlgefühl ein.

Die Einrichtung spiegelt romantische Mädchenträume wider. Die Wände sind halbhoch mit weißem Holz verkleidet und rosa gestrichen, von der Decke hängen acht riesige Lüster. Alles wirkt hell und freundlich. In solch einer Atmosphäre kann man bei einem Frühstück nur gut in den Tag starten. Viele der dafür verwendeten Zutaten stammen von Betrieben aus der Region oder aus der Familie. Wie etwa die Wurst – die liefert Großcousin Hansi.

So erreichen Sie uns

Öffnungszeiten Montag–Sonntag 10–18 Uhr
An Feiertagen können die Öffnungszeiten abweichen
Adresse Schleißheimer Str. 13, 80333 München
Telefon 089/61519197
E-Mail info@cafe-lotti.de **Online** www.cafe-lotti.de
Facebook Café Lotti München **Instagram** cafelotti

Fotos: Café Lotti

Foto: Ulrike Schacht für „Sugar Girls"/Callwey Verlag

Entdecke den Hasenbau
White Rabbit's Room

Mit viel Fantasie und Kreativität hat Christina Doms einen ehemaligen Supermarkt in ein helles Wunderland verzaubert

Auch wenn der weiße Hase aus dem Kinderbuch „Alice im Wunderland" Namensgeber ihres Cafés ist, eine Träumerin ist Inhaberin Christina Doms deshalb nicht. Vielmehr ist sie Realistin. Schnell war ihr klar, dass sie ihren reiseintensiven Job als Tourmanagerin mit drei Kindern nicht weiter ausüben konnte. Aber was stattdessen tun?

Als Christinas Mann ein leer stehendes Geschäft in ihrem Viertel entdeckte, ergriff sie die Gelegenheit beim Schopf. In vielen Arbeitsstunden verwandelte das Paar mit zahlreichen Helferlein den einstigen Supermarkt in freundliche Räumlichkeiten. Und während alles heller wurde, erinnerte sich Christina an die Geschichte von Alice im Wunderland. So einen Ort wollte sie schaffen.

„Bei uns im Hasenbau ist alles handgemacht und natürlich frei von Konservierungsstoffen."

Wie schön das gelungen ist, bestätigen die Gäste immer wieder, darunter viele junge Mütter mit ihren Kleinen. Für sie gibt es eine Spielecke sowie eine Abstellmöglichkeit für den Kinderwagen. Mit märchenhaften Wandsprüchen vor Augen und bei hausgemachten Köstlichkeiten kann man beim selbst zusammengestellten Frühstück zum Ankreuzen herrlich entspannen. Ob Bagels, Eierspeisen oder Müsli – alles ist hausgemacht, frei von künstlichen Aromen und Konservierungsstoffen.

So erreichen Sie uns

Öffnungszeiten Montag–Freitag 7.30–18.30 Uhr
Samstag–Sonntag 9.30–17 Uhr
Adresse Franziskanerstraße 19, 81669 München
Telefon 089/67971193 **E-Mail** hello@white-rabbits-room.de
Online www.white-rabbits-room.de
Facebook White Rabbit's Room

Blumen und Kaffee unter einem Dach im *Two in One*

Am idyllischen Pündterplatz in Schwabing treffen gemütlicher Skandi-Style auf Rosen, Ranunkeln und Carrot Cheesecake

Gibt es einen verführerischen Duft als den von frisch gemahlenen Kaffeebohnen und ofenwarmem Kuchen? Wohl kaum. Oder? Claudia Nothhaas weiß noch eine Schippe draufzulegen. In Ihrem Store & Coffee gesellt sich außerdem der liebliche Duft von Blumen dazu.

Die Inhaberin von „Two in One“ hat ein Gespür dafür, was die Sinne anspricht. In ihren Räumlicheiten am Pündterplatz vereint sie deshalb gleich mehrere Leidenschaften: die für Kaffee und Kuchen, Blumen und skandinavisches Wohn-Design. So kann man beim Kaffeetrinken den Blick in aller Ruhe schweifen lassen und dabei das ein oder andere Lieblingsstück für sich entdecken. Wer sich den reizenden Verlockungen entziehen möchte, findet auf der idyllischen Sonnenterrasse Platz. Ansonsten gibt es im ersten Stock weitere gemütliche Sitzgelegenheiten.

„Bei uns gibt es auch halbe Kuchenstücke. So kann man sich prima Durchkosten.“

Jeden Tag werden im „Two in One“ fünf bis sechs Kuchen angeboten. Zu den Lieblingen zählen der Carrot Cheesecake, die Himbeer-Pistazien-Blondies und die glutenfreie Schoko-Tarte. Und wer sich nicht entscheiden kann oder möchte, für den bietet Claudia Nothhaas folgendes Extra: einen Teller mit zwei oder drei halben Stücken von jedem Kuchen. Was für ein süßer Service!

So erreichen Sie uns

Öffnungszeiten

Dienstag–Freitag 10–19.30 Uhr, Sa. 10–19 Uhr

Adresse Pündterplatz 8 / Ecke Clemensstraße, 80803 München

Telefon 089/34076430

E-Mail info@twoinone-flowers.de

Online www.twoinone-muenchen.de

Fotos: Wei Ling Khor/„Flower Ladies“ DVA

Fotos: MLK / Cornelia Weber

Die Zwanziger leben auf im Ladencafé Marais

Früher ein Textilwarenladen, heute charmanter Treffpunkt für Süßschnäbel und Liebhaber der französischen Lebensart

Bunt, fantasievoll, kreativ und alles außer gewöhnlich – wer in Paris schon mal im Künstlerviertel Marais war, ahnt, wieso das Ladencafé im Münchner Westend danach benannt wurde. Mit seinen bodentiefen Schaufensterfronten, dem abgetretenen Fischgrät-Parkett und den original Vitrinen, Theken sowie wandhohen Regalen eines Textilwarenhauses aus den 1920er-Jahren, gehört es zu den charmantesten und außergewöhnlichsten Cafés der Isar-Metropole.

„Das Inventar wurde original vom ehemaligen Textilwarenladen übernommen."

2006 hatten die drei Freundinnen Monika Almeida, Alexandra Baumann und Barbara Schedel den einstigen Textil- und Kurzwarenladen übernommen, in ein Café verwandelt und das Inventar so wenig wie möglich verändert. So prangt heute wie früher der alte Schriftzug „Hans Mier" über dem Eingang. In den Auslagen finden sich (wieder) Schals aus Seide oder Cashmere und Hüte. Auch Taschen und ausgesuchter Schmuck können erworben werden. **Neu hinzugekommen** sind zusammengewürfelte Tische und Stühle. Daran können die Gäste ein kleines Frühstück einnehmen oder sich Gaumenfreuden wie Panini mit Grillgemüse, Strammer Max, Quiche oder die süßen Leckereien Gâteau au Chocolat und Tarte Tatin schmecken lassen. Mmh, très bon!

So erreichen Sie uns

Öffnungszeiten Dienstag–Samstag 8–20 Uhr
Sonntag 10–18 Uhr, Montag Ruhetag
Adresse Parkstraße 2, 80339 München
Telefon 089/50094552
E-Mail info@cafe-marais.de **Online** www.cafe-marais.de
Facebook Ladencafé Marais

München | Haidhausen

Livingroom Wohlfühloase im Vintage-Style

Sich wie zu Hause fühlen, einen Milchkaffee schlürfen und die Seele baumeln lassen – das ist im „Livingroom" am Wiener Platz herrlicher Alltag. Verkäufliche alte Möbel, Antiquitäten sowie Wohnaccessoires aus Skandinavien, Frankreich und Belgien ziehen die Blicke auf sich, Waffeln, Kuchen sowie herzhafte Leckereien verwöhnen den Gaumen. Und wer sich so ganz nebenbei in seine Milchkaffeeschale verliebt hat, kauft sie und nimmt sie mit …

So erreichen Sie uns

Öffnungszeiten
Di.–Fr. 10–18, Sa. 10–16 Uhr
So. und Mo. geschlossen
Adresse Wiener Platz 2,
81667 München
Telefon 0 89/44 14 19 91
E-Mail living.room@gmx.net
Online www.livingroom.la

München | Maxvorstadt

Pariser Charme trifft britische Noblesse *T7 Café & Tea*

Getreu dem Motto „Wo die Liebe den Tisch deckt, schmeckt das Essen am besten" werden im „T7 Café & Tea" mit viel Liebe zubereitete Speisen aufgetischt. Ob Frühstück oder Tages-Snack, Petits Fours oder Scones – in bezauberndem Ambiente lässt es sich genießen und verweilen. Neben den kulinarischen Genüssen laden Regale mit Geschirr, Gewürzen und Deko-Stücken zum Stöbern und Shoppen ein.

So erreichen Sie uns

Öffnungszeiten
Mo.–Fr. 10–18 Uhr
Sa. 10–16 Uhr, So. geschlossen
Adresse Thalkirchner Str. 7,
80337 München
Telefon 0 89/75 20 19 27
E-Mail kontakt@t7cafe.de
Online http://www.t7cafe.de

Fotos: Livingroom; T7; Tram Café; STEREO CAFE/arnoldwerner.com

München I Au

Nächste Haltestelle für die Auszeit ist das *Tram Café*

Hier legen Genießer gerne ein Päuschen ein! Ob süß oder herzhaft – im „Tram Café“ gibt es die wohl besten Crêpes der Stadt. Die alte, liebevoll restaurierte Straßenbahn, zwischen Circus Krone und Hackerbrücke gelegen, bietet eine kleine Holzterrasse sowie einen verglasten Freisitz für kalte Abende. Die Gäste dürfen sich ihre Crêpes indivuell zusammenstellen und nach Herzenslust schlemmen. Lust auf einen Zwischenstopp bekommen …?

So erreichen Sie uns

Öffnungszeiten
Mo.–Fr. 11–21 Uhr
Sa., So. und Feiertage 14–21 Uhr
Adresse Wredestr. 10,
80335 München
Telefon 0 89/92 13 73 86
E-Mail info@tramcafe.de
Online www.tramcafe.de

München I Altstadt-Lehel

Im *Stereo Café* die Fünfzigerjahre hautnah erleben

Wer auf das Flair der Fifties steht, wird das „STEREO CAFE“ lieben. Zwischen Pastelltönen, Besteckgeklimper und sanftem Stimmengewirr kann man in dem kleinen Altstadtjuwel mit beeindruckender Fensterfront wunderbar frühstücken, lecker zu Mittag essen oder etwas Süßes vernaschen. Eine Besonderheit ist die zum Kauf angebotene Feinkost wie Marmelade, eingelegtes Gemüse oder Obstbrände.

So erreichen Sie uns

Öffnungszeiten
Mo.–Sa. 10–20 Uhr
Sonntag Ruhetag
Adresse Residenzstraße 25–26
80333 München
Telefon 0 89/24 21 01 43
E-Mail hallo@stereo-cafe.de
Online www.stereo-cafe.de

Café Fräulein
Willkommen im zweiten Zuhause!

Ein zauberhaftes Wohnzimmer am Viktualienmarkt, in dem von morgens bis abends Leckereien serviert werden – wer wünscht sich das nicht? Zum Glück muss dieser Platz gar nicht erst erfunden werden, denn es gibt ihn schon: Das „Café Fräulein" verzückt seine Gäste mit hausgemachten Kuchenspezialitäten wie den berühmten Zimtschnecken und einem Ambiente, das sich anfühlt wie heimkommen …

So erreichen Sie uns

Öffnungszeiten
Mo.–Sa. 9–19 Uhr
So. und Feiertage 10–19 Uhr
Adresse Frauenstr. 11 am Viktualienmarkt, 80469 München
Telefon 0 89/20 32 07 10
E-Mail info@cafe-fraeulein.de
Online www.cafe-fraeulein.de

München | Glockenbachviertel

Puristisch in Weiß mit toller Shopping-Area
Schneewittchen

Wer märchenhaft genießen will, findet hinter den hohen Bäumen am Glockenbach versteckt das zauberhafte „Schneewittchen". Weiß wie Schnee sind die Wände und das puristische Interieur, rot wie Blut die herrliche Himbeertorte und schwarz wie Ebenholz die umfangreiche Speisetafel über der Theke. Auch wenn der Königssohn gerade nicht zufällig vorbeikommt: Hier findet jeder was zum Vernaschen!

So erreichen Sie uns

Öffnungszeiten
Di.–So. 10–19 Uhr
Montag Ruhetag
Adresse Am Glockenbach 8, 80469 München
Telefon 0 89/38 90 40 59
mail@schneewittchen-muenchen.de
Online schneewittchen-muenchen.de

Fotos: Café Fräulein/Sonja Bruckner; Café Schneewittchen

Die süßen Seiten von Berlin

Die Cafés in der Hauptstadt haben die Nase vorn: Sie lassen die klassische Kaffeehauskultur mit Hingabe hinter sich, setzen neue Akzente – und liegen damit immer voll im Trend

Fotos: Café Jubel/Caroline Prange Photography

Schottisches Porridge den ganzen Tag im *Haferkater*

Frühstück für Frühaufsteher und Langschläfer: Haferbrei! Hier wird er mit zahlreichen Toppings zum Leckerbissen

Anna Schubert, Leandro Burguete und Levin Siert haben ein leckeres warmes und gesundes Frühstück wieder bekannt gemacht: Porridge.

In Deutschland fristete das schottische Nationalgericht unter dem Namen Haferbrei bis vor Kurzem ein Schattendasein. Das wollte das Trio ändern und gründete in Berlin seinen ersten Laden, den „Haferkater" in Friedrichshain. Für ihr Porridge schroten und quetschen sie Hafer, rösten ihn und kochen die Getreideflocken in gefiltertem Wasser mit Salz. Als Sahnehäubchen servieren sie zahlreiche Toppings mit dem schmackhaften Brei: Goji-Beeren und Cranberrys mit Chiasamen und Banane („Bärenkater"), Mandeln, Cashew- und Zedernkerne („Knusperkater") oder für den herzhaften Geschmack Ziegenfrischkäse mit Birne, Walnüssen und Thymian („Ziegenkater"). Saisonale Specials wie der „Kanada-Kater" mit griechischem Joghurt und Kakao-Nibs oder der „Rote-Bete-Kater" begeistern die wachsende Fangemeinde.

„Den Haferkater gibt es gleich zweimal in Berlin. In Mitte sowie in Prenzlauer Berg."

Leckere Bowls mit hausgemachten Salaten, frische Suppen, feiner Kaffee und Kuchen runden das Angebot ab. Für dieses überzeugende Gesamtkonzept gab es für das „Haferkater"-Team vor einigen Jahren verdient den Gastro-Gründerpreis.

So erreichen Sie uns

Öffnungszeiten Montag–Freitag 7–18 Uhr, Samstag und Sonntag 8–19 Uhr
Adresse Eberswalder Str. 26, 10437 Berlin
Telefon 030/47058936
E-Mail office@haferkater.com (keine Reservierungen möglich)
Online www.haferkater.com **Facebook** Haferkater

Fotos: Steffi Dächsel (1); Haferkater/Orderbird (2)

Fotos: Café Jubel/Caroline Prange Photography

Verführung mit süßen Kreationen: Café Jubel

Aus dieser exquisiten Backstube kommen die schönsten kleinen Törtchen, Petits Fours, Cupcakes und Desserts

„Wir sind vernarrt in Süßes und interpretieren häufig gerne neu."

So viel Begeisterung ist ansteckend. Kai Michels und Lucie Friedrich machen das, was sie schon immer machen wollten: Sie backen Törtchen. Mischen Eier, Butter, Zucker, Sahne und mehr – und bringen zusammen, was auf den ersten Blick nicht zusammengehört.

Etwa ein Rhabarbertörtchen mit dem isländischen Trend-Joghurt Skyr, Hafer und Waldmeister. Oder sie lassen Haselnuss auf Mascarpone und Schwarze Johannisbeere treffen. Selbst der hausgemachte Eistee bekommt bei ihnen einen neuen Twist in Verbindung mit Orange und dem Eisenkrautgewächs Verbene. All diese süßen Sachen präsentieren die Konditormeisterin Kai Michels und ihre Geschäftspartnerin Lucie Friedrich, die sich bei ihrer Arbeit in der Sterne-Gastronomie kennenlernten, seit vier Jahren in der minimalistischen Anmutung ihres eigenen Ladenlokals in Prenzlauer Berg. Nichts lenkt hier vom bühnenreifen Auftritt der kunstvoll verzierten Petits Fours, Torten und Desserts im Glastresen und der großen Vitrine ab.

Bestellungen mit individuellen Wünschen für Hochzeit, Taufe oder Business-Meeting werden gern entgegengenommen. Und so mancher Kunde verlässt mit einem seligen Lächeln und einer der hübschen „Jubel-Boxen" in der Hand den Laden.

So erreichen Sie uns

Öffnungszeiten Dienstag–Freitag 11–19 Uhr
Samstag und Sonntag 11–18 Uhr
Adresse Hufelandstraße 10, 10407 Berlin
Telefon 030/55216150
E-Mail hallo@jubel-berlin.de **Online** www.jubel-berlin.de
Facebook Jubel - feine Patisserie

Das einzigartige *House of Small Wonder*

Zwei New Yorker bringen mit einem fantasievollen Menü und ihrem „All Day Brunch" urbane Lässigkeit nach Berlin-Mitte

Wie ein perfektes Wochenende in der Hauptstadt aussieht, hängt natürlich immer von persönlichen Vorlieben ab. Doch was bei Foodies unbedingt auf dem Programm stehen sollte, ist ein Besuch im jetzt schon legendären „House of Small Wonder". **In einer Seitenstraße** der quirligen Friedrichstraße, neben dem Revuetheater Friedrichstadt-Palast, laden die Japanerin Motoko Watanabe und der gebürtige Israeli Shaul Margulies ihre Gäste zum „All Day Brunch" mit amerikanisch-japanischen Gerichten ein. Das Paar eröffnete 2010 im Stadtteil Williamsburg in Brooklyn sein erstes Café-Restaurant und exportierte das Erfolgsmodell vor vier Jahren nach Berlin. Hier sitzt man nun in entspannter Gewächshaus-Atmosphäre mit Palmentapeten und üppigen Grünpflanzen und begibt sich auf eine kulinarische Weltreise – und vergisst dabei so manchen tristen Wintertag in der Hauptstadt – oder kühlt sich in der sommerlichen Hitze etwas ab.

„Nicht die großen, sondern die kleinen Wunder machen das Leben angenehm."

Auf dem Menü stehen pochierte Eier auf hausgemachten Joghurt-Scones mit Wasabi-Hollandaise, Sandwiches, belegt mit Schinken und Gruyère, vegane Reisbällchen mit Miso-Suppe oder Wassermelonen-Salat mit Feta. Dazu passt ein Matcha Latte, der mit einem charmanten Lächeln serviert wird.

So erreichen Sie uns

Öffnungszeiten Montag–Sonntag 9–17 Uhr, kein Ruhetag

Es werden keine Reservierungen entgegengenommen

Adresse Johannisstraße 20, 10117 Berlin

Online www.houseofsmallwonder.de

Facebook House of Small Wonder

Fotos: Nora Dal Cero; Stefan Kühne

Fotos: Benedict/Marcus Brauman

Für die wichtigste Mahlzeit des Tages: das Benedict

Die erste Filiale des Frühstück-Restaurants außerhalb Israels begeistert mit kulinarisch außergewöhnlichen Verwöhn-Ideen

„Genau wie Tel Aviv passt Berlin perfekt zu uns. Es ist international und schläft nie."

In Berlin ist immer etwas los. Nicht nur für Nachteulen, Schichtarbeitende und Partypeople gibt es seit Ende 2016 den idealen Frühstücksspot in der City West, das „Benedict" unweit des Kurfürstendamms. Es ist ein Ableger des gleichnamigen Restaurants in Tel Aviv.

Die wichtigste Mahlzeit des Tages wird in diesem Café mit internationalem Flair zum kulinarischen Höhepunkt, und das 24 Stunden lang. Rund um die Uhr tafeln Frühstücksgäste im anheimelnden Lounge-Stil auf Ledersofas, kuscheligen Sesseln oder komfortablen Stühlen. Der urige Wohnzimmer-Look mit wilden Pflanzenmustern auf Tapeten trifft auf industriellen Chic mit weißen Wandkacheln und Glühlampen. Die Originalität des Interieurs setzt sich auf der Speisekarte fort.

Neben New Yorker Bestsellern wie Eggs Benedict, French Toast und Bagels gibt es herzhaftes oder süßes Frühstück aus aller Welt, das man unbedingt probieren sollte: z. B. die israelische Spezialität Shakshuka, eine pikante Schmorpfanne mit Tomate, Paprika, Ei, Tahini- und Auberginenaufstrich. Auch ein Berliner Traditionsgericht wird toll aufgepeppt: Eisbein-Stulle mit Sauerkraut und pochierten Eiern. Die Mahlzeiten tragen eine wachsende Stammkundschaft durch den Tag – und die Nacht.

So erreichen Sie uns

Öffnungszeiten Rund um die Uhr geöffnet an sieben Tagen in der Woche!
Adresse Uhlandstraße 49, 10719 Berlin
Telefon 030/9940409 97
Keine Reservierungen vor 16 Uhr möglich
Online www.benedict-breakfast.de **Facebook** Benedict Berlin

Entspannter Rückzugsort im Neuköllner Kiez: Roamers

Kalifornischer Farm House Style drückt sich in einfallsreichen kulinarischen Kreationen für Frühstück und Dinner aus

In den vergangenen Jahren hat sich der Berliner Bezirk Neukölln überraschend verwandelt. Hippe Cafés, Eisdielen und Restaurants eröffneten. An vielen Straßenzügen reihen sich Kaffeetische und -stühle nahtlos aneinander. Die Menschen sitzen von den ersten Sonnenstrahlen im Frühjahr bis in den kühlen Spätherbst hinein gern auf dem Gehweg.

Auch vor dem „Roamers" – zum Glück, denn das kleine Café ist immer gut besucht. Es bietet sich daher an, mit Essen und Getränken auf die Holzhocker und Stühle im Freien auszuweichen. Dickblättrige Pflanzen, Kakteen und andere Sukkulenten stehen drinnen und draußen auf Bänken, Tischen und dem Boden oder ranken im Café von der Decke.

„Wenn du uns besuchst: Don't hurry, don't worry."

Die Liebe zum Grün spiegelt sich auch in der Verwendung frischer Kräutern wie Koriander, Thymian und Dill wider, die großzügig verteilt werden auf Avocado- und Rote-Bete-Sandwiches und weißem Gazpacho mit gerösteten Mandeln. Die Kreationen schmecken nicht nur vorzüglich, sie sind zudem eine Augenweide. Für das Pfannengericht „40 Shades of Green" stand ein Song von Johnny Cash Pate. Der hätte seine Freude gehabt an dem mit Dukkah gewürzten Mahl aus Erbsen, Spinat und Spiegelei mit Pfefferminze, Dill und Feta-Crumbles.

So erreichen Sie uns

Öffnungszeiten Dienstag–Freitag 9.30–18 Uhr
Sa. und So. 10–18 Uhr, Montag geschlossen
Adresse Pannierstraße 64, 12043 Berlin
Keine Reservierungen möglich
E-Mail info@roamers.cc
Online www.roamers.cc **Facebook** Roamers

Berlin

Fotos: Roamer/Elena Peters-Arnolds

Fotos: Coco Gonser/www.cocogonserphotography.com, Sonja Poehlmann/www.sonjapoehlmann.de

Kaffeehaus mit Jugendstil-Charme: Zimt & Zucker

Die Goldenen Zwanziger lassen grüßen: moderne Kunst, Literatur und Livemusik im historischen Ambiente

Das „Zimt & Zucker" schreibt seine Erfolgsgeschichte weiter. Neben dem gut besuchten Stammhaus am Schiffbauerdamm eröffnete im Mai 2018 ein weiteres Kaffeehaus in der Potsdamer Straße, das regelmäßig Ausstellungen präsentiert. In den großzügig geschnittenen Räumen tafeln die Gäste unter hohen Decken. Das sorgfältig zusammengestellte Mobiliar stammt aus der Gründer- und Jugendstilzeit – und es gibt wieder ein rotes Sofa, in das man sich sofort hineinkuscheln möchte.

„Egal ob süß, herzhaft oder kernig, hier ist für jeden etwas dabei."

Das üppige Frühstück trägt in Anlehnung an die Gesellschaftstänze der 1920er-Jahre Namen wie Charleston, Foxtrott oder Rumba und kombiniert klassische Standards mit einer eleganten Drehung. Zum Beispiel beim „Foxtrott" Käse, Wurst, Marmelade und Spreewaldgurke. Oder eine geröstete Stulle mit dem italienischen Frischkäse Burrata und Koriander. Beim Anblick von köstlichen Waffeln, von Apfelstrudel und Kaiserschmarrn läuft einem das Wasser im Munde zusammen. Die Crêpes werden süß oder pikant angerichtet, etwa mit Käse, Spinat und Avocado. Neben Hausmannskost (Spätzle, Flammkuchen und mehr) gibt es von Montag bis Freitag Mittagstisch mit jeweils einem Tagesgericht. Nicht verpassen sollte man die hausgemachten Limonaden!

So erreichen Sie uns

Öffnungszeiten Sonntag–Mittwoch 10–21 Uhr
Donnerstag–Samstag 10–24 Uhr
Adresse Potsdamer Straße 103, 10785 Berlin
Telefon 030/28604277
Online www.zimtundzucker.com **Instagram** zimtundzucker.berlin
Facebook Zimt & Zucker Potsdamer Straße

Berlin | Prenzlauer Berg

Samtsofa-Ecken und Kupfertheke im *Betty n' Caty*

Gleich am Wasserturmplatz im Prenzlauer Berg liegt das charmant-stilvolle Café von Betty und Caty. Neben einem fantastischen Frühstücksangebot, das gemischte Platten, Eierspeisen, Müslis und Toasties umfasst, bietet die Küche auch Suppen, Salate, Quiches sowie köstliche Kuchenkreationen an. Eine eigens in Florenz handgefertigte Espressomaschine sorgt für den unwiderstehlichen Kaffeegenuss.

So erreichen Sie uns

Öffnungszeiten
Mo.–Fr. 8–18 Uhr
Sa., So. und Feiertage 9–18 Uhr
Adresse Knaackstraße 26, 10405 Berlin
Telefon 030/44049120
E-Mail bettyncaty@gmail.com
Facebook Betty'n Caty 26

Berlin | Friedrichshain

Cupcake Berlin Schlaraffenland für Cupcake-Fans

Mmh, wie süß! Bereits 2007 eröffnete Dawn Nelson den ersten Cupcake-Shop in der Hauptstadt – seither kommen Schleckermäuler aus aller Welt ins schmucke „Cupcake Berlin". Zusammen mit Geschäftspartner Daniel Bader bietet die Amerikanerin aber nicht nur handgemachte Törtchen zum Verkauf in gemütlicher Atmosphäre an, ihre Backwaren kann man auch für Feste aller Art bestellen und genießen.

So erreichen Sie uns

Öffnungszeiten
Mo.–So. 10–20 Uhr
Kein Ruhetag
Adresse Krossener Str. 12, 10245 Berlin
Telefon 030/25768687
E-Mail info@cupcakeberlin.de
Online www.cupcakeberlin.de

Fotos: Bettyn' Caty: Hella Wittenberg; Cupcake Berlin: Mimikry

Kaffeehausflair in und um Brandenburg

Zauberhafte Cupcakes, hausgemachte Kuchen, verführerische Torten: In Brandenburg verbinden sich solche Verlockungen mit romantischem Ambiente und liebevollem Service

Foto: Matthias Baumbach

Ein Café in der alten *Lebkuchenfabrik*

Hier treffen historisches Flair und liebevolle Einrichtung zusammen: ein Ort, um die Seele baumeln zu lassen

Wer im Ruppiner Seenland unterwegs ist, sollte einen Abstecher nach Kremmen machen und das Café „Zur alten Lebkuchenfabrik" besuchen.

Hier geht Gästen sofort das Herz auf: Ihr Weg führt durch einen lichtdurchfluteten, üppig mit Efeu berankten Innenhof mit Kopfsteinpflaster und schönen Gartenmöbeln mitten hinein in ein romantisches Café, das mit alten, liebevoll restaurierten Möbeln eingerichtet ist. Jetzt heißt es sich entscheiden: drinnen oder – an sonnigen Tagen – doch lieber draußen sitzen?

Wie auch immer, ein leckeres Frühstück, hausgemachte Snacks und Suppen zur Mittagszeit sowie verlockende Kuchen und Torten erwarten die Gäste und sorgen für eine zauberhafte Auszeit. Bis ins Jahr 1945 wurden hier tatsächlich Lebkuchen gebacken. In der Adventszeit lässt Inhaberin Marion Bester diese Tradition alljährlich wieder aufleben.

„Auf Vorbestellung gibt es unser ‚Fridolin'-Frühstück."

Auch sonst backt sie ihre leckeren Kuchen selbst, während die feinen Torten von einem Konditor vor Ort kommen. Hier in der alten Lebkuchenfabrik, ruhig und dennoch zentral im Stadtkern von Kemmen gelegen, verweilt man gern: Wer gar nicht mehr weg mag, übernachtet in der zugehörigen Pension und genießt ein paar geruhsame Tage oder ein Wochenende zu zweit.

So erreichen Sie uns

Öffnungszeiten Donnerstag–Sonntag 9–18 Uhr
Montag–Mittwoch Ruhetage
Adresse Berliner Straße 4, 16766 Kremmen
Telefon 03 30 55/2 25 10 **Mobil** 01 70 936 70 44
E-Mail cafe@lebkuchenfabrik.com
Online www.lebkuchenfabrik.com

Foto: Zur alten Lebkuchenfabik

Fotos: Waschhaus Ribbeck/Matthias Wolf (3); privat (1)

Herrn Ribbecks Birnen im Alten Waschhaus

Das Café lockt mit außergewöhnlichem Museumsambiente und himmlischen Delikatessen aus den berühmten Birnen

„Herr von Ribbeck auf Ribbeck im Havelland, ein Birnbaum in seinem Garten stand ..." Wer hat nicht gleich das Gedicht von Theodor Fontane im Ohr, in dem der Schlossherr die Kinder mit Birnen beschenkt? Bis heute prägen Schloss und Birnen das Örtchen Ribbeck im Havelland.

Die Birnen haben es auch Marina Wesche angetan. Im „Alten Waschhaus" versammelt sie allerlei Köstlichkeiten aus den duftenden Früchten und lädt im Café mit integriertem Wasch-Museum zur gemütlichen Pause ein. Wetten, dass Waschen noch nie so schön war? Im verzaubernden Ambiente lässt man es sich gut gehen und genießt die einzigartigen Tortenkreationen – mit Birnen natürlich. Auf Vorbestellung serviert Marina Wesche ihren Gästen auch gern ein üppiges Birnenfrühstück.

„Sie können gern Ihre schmutzige Wäsche mitbringen! Wir haben alles, was man braucht, um eine reine Weste zu bekommen, vor Ort."

Wer dann noch nicht genug hat von den Ribbeckschen Birnen, kann aus dem zugehörigen Hofladen allerlei Köstlichkeiten mit nach Hause nehmen, angefangen vom Birnenschnaps über herzhafte Birnensuppe im Glas bis zu Senf, Ketchup oder Konfitüre mit Birnen – ganz klar, wer hier die Hauptrolle spielt. Wobei: Katze Greta hat da auch noch ein Wörtchen mitzureden.

So erreichen Sie uns

Öffnungszeiten Donnerstag–Sonntag 11–17 Uhr
Tipp Traditionelles Anwaschen jedes Jahr am Pfingstmontag
Adresse Am Birnbaum 6, 14641 Ribbeck
Telefon 033237/85106
E-Mail post@waschhaus-ribbeck.de
Online www.waschhaus-ribbeck.de

Süße Freuden im Manufaktur-Café *Krümelfee*

Liebevoll dekorierte Cupcakes und andere Köstlichkeiten lassen das Herz aller Naschkatzen höherschlagen

Nein, ist das süß!“ Es sind meist Frauen, die sich mit solchen Ausrufen der Begeisterung im Manufaktur-Café „Krümelfee“ niederlassen. Sie haben recht: Die Kreationen, die Inhaberin Nicole Ehlers alias „Krümelfee“ in ihrem schnuckligen kleinen Café serviert, sind einfach entzückend.

Ob Cake-Pops, Lemoncurd-Tartelettes oder Mousse-Törtchen – die junge Tortenzauberin ist am Puls der Zeit und setzt die aktuellen Trends im Reich der Naschkatzen gekonnt um. Zahlreiche Kaffeespezialitäten und Erfrischungsgetränke runden das Angebot ab. Jede Woche sind vier bis sechs verschiedene Sorten liebevoll dekorierter Cupcakes im Angebot, darunter vegane Varianten.

„In unseren Workshops wollen wir Back-Feen ermutigen, ihre eigenen Ideen zu verwirklichen.“

Und auch hausgemachte Brownies fehlen nie. Bei allen anderen Schlemmereien ändert sich das verführerische Angebot laufend. Naschkatzen dürften also häufig auf Neuentdeckungen stoßen. Die bleiben garantiert nicht aus, denn mit ihrem süßen Catering-Service für Hochzeiten und andere Festlichkeiten stellt die „Krümelfee“ ihre Kreativität immer wieder gern unter Beweis. Angefangen hat Nicole Ehlers allein, heute unterstützt Konditorin Laura Decker sie dabei, Kunden und Gäste zu verwöhnen.

So erreichen Sie uns

Öffnungszeiten Mittwoch–Freitag 13–19 Uhr
Samstag und Sonntag 10–17 Uhr, Montag und Dienstag Ruhetag
Adresse Charlottenstr. 117, 14467 Potsdam
Telefon 0331/60051965 **E-Mail** info@kruemelfee-catering.de
Online www.kruemelfee-catering.de
Facebook Krümelfee Café & Catering

Brandenburg

Fotos: Matthias Baumbach; Manuela Clemens

Eberswalde

Einladung in historisch anmutendes Ambiente
Café Liesbeth

Fernab von aller Hektik ist das „Café Liesbeth" ein Ort, an dem man sich entspannt dem Genuss hingeben kann. Umgeben von schönen Dingen aus Großmutters und Urgroßmutters Zeiten werden hier neben selbst gebackenem Kuchen und Torten auch antike Schätze angeboten. Im Sommer öffnet Beate Koch gern die kleine Tür zum „Geheimen Garten", einer wildromantischen Oase mit alten Kastanien.

So erreichen Sie uns

Öffnungszeiten
Do.–So. 14–18 Uhr
Mo.–Mi. geschlossen
Adresse Ackerstraße 5,
16225 Eberswalde
Telefon 0 33 34/2 05 80
E-Mail fraeuleinliesbeth@web.de
Online hwww.cafe-liesbeth.de

Potsdam

Café Guam
Hier gibt es das pure Käsekuchen-Glück

Käsekuchen, wohin das Auge schaut: Im Holländischen Viertel hat sich das „Café Guam" mit genau dieser Spezialität einen Namen gemacht. Bis zu 30 verschiedene Sorten bieten Gaumenfreuden für jeden Geschmack, wechselnde Ausstellungen sorgen für Begegnungen mit Kunst und Kultur. Das Café ist bei allen beliebt, die nach dem Flanieren durch die Mittelstraße eine Pause einlegen und der Lust auf Süßes nachgeben wollen. Wer mag, kann den Kuchen seiner Wahl auch liebevoll verpackt mitnehmen.

So erreichen Sie uns

Öffnungszeiten
Täglich 11–19 Uhr geöffnet,
Reservierungen lediglich an
Werktagen möglich
Adresse Mittelstraße 39,
14467 Potsdam
E-Mail info@cafe-guam.de
Online www.cafe-guam.de

Fotos: Café Liesbeth; Cafe Guam/Thorsten Schink

Melange aus Kaffee, Kunst & Kultur
Kaffeehaus Morgenrot

Im stilvollen Ambiente der Villa Hundeshagen bietet Eva Tiffany Bollmann behagliche Wiener Kaffeehaus-Kultur mit allem Drum und Dran: Hier genießt man eine Schale Melange, einen Einspänner oder eine andere Kaffeeköstlichkeit, greift zu einer der zahlreichen Zeitschriften oder zu einem Buch und schaltet einfach ab. Zur entspannten Stimmung trägt auch die Wohnzimmer-Atmosphäre bei, zu der wie in den traditionellen Kaffeehäusern unserer österreichischen Nachbarn Marmortische, bequeme Sessel, Kristalllüster sowie eine kleine Hausbibliothek gehören. Mehr als 20 Kaffeespezialitäten, feine Mehlspeisen, Sacher- und Esterházy-Torte, Apfelstrudel, Palatschinken und luftiger Kaiserschmarrn sind neben den Gästen die Hauptdarsteller in dieser Kaffeehaus-Behaglichkeit. Unser Fazit: gepflegte Gemütlichkeit mit hohem Entspannungsfaktor – vom Frühstück bis in den frühen Abend.

So erreichen Sie uns

Öffnungszeiten
Mi.–Fr. 10–17 Uhr
Sa., So., Feiertage 10–18 Uhr
Private Feiern nach Absprache

Adresse Scharfschwerdtstraße 1, 16540 Hohen Neuendorf

Telefon 0 33 03/40 98 04

Online kaffeehaus-morgenrot.de

Fotos: Kaffeehaus Morgenrot

Wichmannsdorf

Café Eigen-Art
Genießen zwischen Kunst & Krempel

Altes und Neues, Gesammeltes und Selbstgemachtes. Das „Café Eigen-Art" in Wichmannsdorf im Boitzenburger Land überrascht seine Gäste immer wieder mit schönen Dingen. In den beiden Café-Stuben und im alten Tanzsaal lässt es sich nach Herzenslust stöbern. Genug geschnuppert? Dann laden selbst gebackener Kuchen, Kaffee, Wein und andere Getränke zu einer erholsamen Pause ein.

So erreichen Sie uns

Öffnungszeiten
Fr., Sa., So., 14–18 Uhr
Adresse Dorfstraße 10,
17268 Boitzenburger Land
Telefon 039889/307
Mobil 0151 70191751
E-Mail uta.scherlipp@web.de
Online www.cafe-eigenart.de

Templin

Was das Herz begehrt, nicht nur Kuchen im Templino

Betritt man das „Templino", umgibt einen sofort französisches Flair, das dazu einlädt, zur Ruhe zu kommen. Kaffeespezialitäten und handgerührte Schokolade, selbst gebackene Kuchen und Elsässer Flammkuchen verbreiten ihren Duft. Und auch die Unterhaltung kommt nicht zu kurz. Das Café veranstaltet immer wieder mal kleine, feine Musikabende. Alle Details dazu finden sich auf der Website.

So erreichen Sie uns

Öffnungszeiten
Di.–Sa. 11–22 Uhr,
So. und Mo. 11–20 Uhr
Adresse Pestalozzistr. 21,
17268 Templin
Telefon 03987/2359516
E-Mail h.schokowein@gmail.com
Online www.templino.com

Fotos: Café Eigen-Art; Templino

Die schönsten Adressen in der Hansestadt Bremen

Was die Geschichte der Stadtmusikanten mit der hiesigen Café-Szene gemein hat? Mehr, als man denkt. Beide begeistern mit viel Fantastie und Liebe zum Detail

Foto: www.gents-club-bremen.de

Genüsslich vor Anker gehen im Harbour Coffee

Wer den Duft der großen Kaffeewelt liebt, sollte im Ostertor-Viertel anlegen. Das Café ist klein, aber so was von oho!

Wenn der Himmel in Bremen plötzlich voller Porzellantassen hängt, dann liegt das mit großer Wahrscheinlichkeit daran, dass man im stylishen Coffeeshop von Tim Lüllmann und Marius Stolz gestrandet ist. Ende 2016 sind die beiden Bremer im Ostertor-Viertel vor Anker gegangen und haben Auf den Häfen das „Harbour Coffee" eröffnet. **Ihr Erfolgskonzept** ist dabei so schlicht und ergreifend wie der schwarz-weiß gehaltene Look des coolen Shops: klein und sehr fein! Nur die besten Böhnchen schaffen es hier in die Siebträger bzw. Kaffeefilter, um anschließend heiß und aromatisch duftend in die Tasse zu fließen.

„Die Begeisterung für unseren Kaffee und unsere legendären Zimtschnecken ist groß."

Neben Kaffeespezialitäten wie Espresso, Caffè Crema, Flat White und handgefiltertem Kaffee gibt es auch eine kleine Auswahl an Tees, heiße Schokolade sowie das spanische Kultgetränk Horchata. Die ungesüßte Erdmandelmilch ist mit Sternanis, Vanille, Zimt und Nelke verfeinert und kann entweder traditionell kalt oder warm getrunken werden.

Als süßes Highlight gibt es hausgemachte Zimtschnecken, getoppt mit fluffigem Frischkäse-Frosting, Granola Rolls und leckere Cookies. Toll für Geldbeutel und Umwelt: Wer seine eigene Coffee-to-go-Tasse mitbringt, bezahlt 20 Cent weniger.

So erreichen Sie uns

Öffnungszeiten Montag–Freitag 8.30–17 Uhr
Samstag und Sonntag 10–17 Uhr
Adresse Auf den Häfen 4, 28203 Bremen
Telefon 0800 3691000
E-mail info@harbourcoffee.de **Online** www.harbourcoffee.de
Facebook Harbour Coffee - Bremen

Foto: Emma Maddalosso & Pilar Fernández/www.theslowpace.com, @theslowpace

Foto: Schnoor Handelskontor

Idyllisch mitten im Schnoor: Café im Teestübchen

Bereit für eine Zeitreise? Im Herzen des Altstadtviertels lädt ein historisches Fachwerkhäuschen zum Genießen und Stöbern

Und was ist mit Tee? In Bremen hat der Handel mit Kaffee eine ebenso lange Tradition wie der von aromatischen Aufgussblättchen. Einer der zauberhaftesten Orte, um sich z. B. eine Tasse „Roland von Bremen" schmecken zu lassen, ist das Teestübchen im Altstadtviertel Schnoor.

Beheimatet in einem handtuchschmalen Fachwerkhaus aus dem Jahr 1650, beglückt das Team um Jutta Gaeth Gäste mit erstklassigen Heißgetränken – darunter allein um die 100 verschiedene Teesorten! – hausgemachten Torten, Kuchen sowie Gebäck und jongliert mit artistischem Geschick Kännchen, Tassen und Teller über vier Etagen an die Tische. Und während sich das Treiben in den Altstadtgassen prima von der Terrasse oder dem mit Worpsweder Möbeln eingerichteten Erdgeschoss beobachten lässt, locken die oberen Etagen zum ruhigen Plausch.

> „Auf vier Etagen gibt es hier vieles zu entdecken – Kulinarisches, aber auch allerlei Schönes."

Auch herzhafte Gelüste werden im Teestübchen bedient. Sei es bei regionalen Spezialitäten wie Pannfisch, Labskaus und Knipp mit Röstkartoffeln oder bei einem ganztägig verfügbaren Frühstück. Wer ein Stück vom Café-Glück mitnehmen möchte, stöbert anschließend einfach ein wenig im hauseigenen Shop.

So erreichen Sie uns

Öffnungszeiten Sonntag–Donnerstag 10–18 Uhr
Freitag und Samstag 10–22 Uhr

Adresse Wüstestätte 1, 28195 Bremen

Telefon 0421/323867

E-Mail office@teestuebchen-schnoor.de

Online www.teestuebchen-schnoor.de

Darauf fliegen Genießer: YellowBird Coffee

Wer möchte schon zum Frühstück nach London, wenn man in Bremen gemütlich im „gelben Vogel“ landen kann?!

Ein Vögelchen müsste man sein! Dann könnte man mir nichts, dir nichts von jedem Ort im Land abheben und spontan zum Frühstücken Kurs auf Bremen nehmen und dort landen. Das Team vom „YellowBird Coffee“ hätte bestimmt ein großes Herz für den gefiederten Besuch. Aber leider… Egal! Kommen wir auf den Boden der Tatsachen zurück und planen stattdessen einfach den nächsten Städtetrip nach Bremen. Zu sehen gibt es reichlich. Tolle Orte zum Rasten, Einkehren und Genießen sowieso. Etwa im besagten „YellowBird“. **Von Amanda und Daniel** Wenkel „ausgebrütet“, ist das gemütliche Café im Sommer 2016 in der Pappelstraße 79 „geschlüpft“. Seit dem bereichert es die Neustadt mit Kaffeespezialitäten und süßen Sünden wie Carrot Cake, Chocolate Brownie Cake und veganen Blueberry Muffins.

Ein weiterer Höhepunkt sind das Frühstück sowie der wöchentlich wechselnde Mittagstisch: Angefangen mit kreativen Smoothie Bowls, Granola mit Joghurt, Avocado-Toast mit Lachs bis hin zum veganen Pastasalat mit geschmorten Tomaten ist alles dabei.

„Die Leidenschaft spürt man hier immer. Im Kaffee, im Kuchen, im Ambiente.“

Größten Wert legen Amanda und Daniel dabei auf Nachhaltigkeit, Regionalität und Bio-Qualität. Alle Gerichte werden frisch zubereitet nach dem Motto „Wenn weg, dann isset weg“.

So erreichen Sie uns

Öffnungszeiten Montag–Freitag 8–19 Uhr
Sonntag 10–18 Uhr, Samstag 9–18 Uhr
Adresse Pappelstraße 79,
28199 Bremen
Telefon 04 21/69 51 45 54
Online www.facebook.com/yellowbirdcoffee.bremen/

Fotos: YellowBird (2); www.gents-club-bremen.de (3)

Bremen Neustadt

Bei Kaffee & Kuchen Kunst erleben im Café Frida

Wer sich für Kunst interessiert, wird das „Café Frida" in der Neustadt lieben. Wechselnde Ausstellungen machen den Besuch dort immer wieder aufs Neue spannend. So bunt wie die Bilder im Café präsentieren sich auch die Gäste, die es zum Frühstück, vor allem aber wegen der Kuchen von Bäckerin Maike Otten hierher zieht. Toll, wenn man Kunst bei Kaffee und Kuchen so entspannt genießen kann.

So erreichen Sie uns

Öffnungszeiten
Mo–So. 10–18 Uhr
Kein Ruhetag
Adresse Pappelstr. 73, 28199 Bremen
Telefon 0421/49958850
Mail cafe.frida.bremen@gmail.com
facebook Cafe Frida

Bremen I Peterswerder

Café Ins Blaue
Biken, boarden und genießen

Eigentlich organisieren Tessa Heyde und Jens Joost-Krüger Outdoor-Touren mit Bike und Board. Da das Wetter jedoch nicht das ganze Jahr zum Draußensein lädt, eröffneten sie 2016 ein Café. Im „Ins Blaue" servieren sie Dienstag und Mittwoch vegetarische Suppen, Donnerstag und Freitag Currys. Hausgemachte Kuchen (darunter auch vegane und glutenfreie) sowie Bremer Kaffee gibt es täglich.

So erreichen Sie uns

Öffnungszeiten
Mai–Sept.: Di.–Fr. 10–19 Uhr
Sa. 12–19 Uhr, Mo. geschlossen
Okt.–April: So. 13–18 Uhr
Adresse Am Hulsberg 17, 28205 Bremen
Telefon 0421/17668970
online www.ins-blaue.com

Fotos: Café Frida; Ins Blaue/Walter Gerbracht

Veganes und zuckerfreies Frühstücksvergnügen im Soul

Das Leben ist ein Wunschkonzert! Zumindest wenn es nach Anja Laux geht. Bei ihr kann man sich den gewünschten Gemütszustand nämlich einfach anfuttern. Wer sich z. B. kraftvoll fühlen möchte, dem werden zum Frühstück gegrilltes Gemüse, Avocadocreme, Sprossen und geröstetes Landbrot serviert. Für eine Portion Mut sollen Rührei ohne Ei (Rührtofu) mit Pilzen und Spinat sorgen. Und wem einfach nach Glücklichsein ist, gönnt sich eine Chocolate Bowl. Hört sich gut an und is(s)t noch besser. Nicht zuletzt, da alle Leckereien selbst hergestellt, vegan und frei von raffiniertem Zucker sind. Von Verzicht allerdings weit und breit keine Spur. Vielmehr laden neben dem leckeren Frühstück Raw Cheesecakes, Dinkel-Pancakes, French Toast und Haselnuss-Latte zum Schlemmen ein. Tolles Plus: Leckereien zum Mitnehmen gibt's in biologisch abbaubaren To-go-Verpackungen. Sauber!

So erreichen Sie uns

Öffnungszeiten
Di.–So. 10–18 Uhr
Montag geschlossen
Adresse Am Dobben 65,
28203 Bremen
Telefon 0421/17531044
E-Mail hello@soul-vegan.de
Online http://www.soul-vegan.de

Fotos: Soul

Bremer Neustadt

Im Doppelpack ein echter Hit
Papp und Karton

Urgemütliche Sofagruppen, rustikale Palettentische und dazu der direkte Blick auf das Ufer der Kleinen Weser: Das unkomplizierte Ambiente im „Café Karton" lädt zum Treffen und Klönen bei regionalen Kaffeespezialitäten. Nur wenige Schritte weiter sorgt die „Papp Café und Musikbar" mit einer kleinen, feinen Bühne für beste Unterhaltung.

So erreichen Sie uns

Öffnungszeiten

Café Karton: Di.–Sa. 12–18 Uhr

Papp: Di.–So. 14–1 Uhr, Fr. 14–3 Uhr
Sa. 12–3 Uhr, So. 12–19 Uhr

Adresse In der Alten Schnapsfabrik, Am Deich 86, 28199 Bremen

E-Mail kartontage@gmail.com

Online www.kartontage.de

Bremen | Mitte

Café Knigge
Traditionskonditorei auf zwei Etagen

Auf eine 129 Jahre alte Firmengeschichte zurückblicken, das können wirklich nicht viele. Das „Café Knigge" kann! 1889 von Konditormeister Friedrich Emil Knigge mit zwei Tischen und sechs Stühlen in der Sörgestraße gegründet, werden Baumkuchen, Torten, Teegebäck, Bremer Klaben sowie feine Pralinen heute wie früher in Handarbeit nach überlieferten Hausrezepten hergestellt. Längst hat sich das Café auf zwei Etagen ausgeweitet.

So erreichen Sie uns

Öffnungszeiten

Mo.–Sa. 9–18.30 Uhr

So. 11–18 Uhr

Adresse Sögestr. 42/44, 28195 Bremen

Telefon 0421/13060

Online www.knigge-shop.de

Facebook Café Knigge – seit 1889

Fotos: Papp & Karton: Valerie Usov; Café Knigge/Grimm und Arnold Werbeagentur GmbH

Cafés in der Hansestadt Hamburg

Zwischen Elbe und Alster gibt es viele hübsche Anlegestellen für einen Kaffee, ein leckeres Frühstück, ein Stück Kuchen. Moin, Moin – und viel Spaß bei der Entdeckungstour!

Foto: Uta Gleiser Photography

Regional und saisonal schlemmen im *Hej Papa!*

Kochtopffrisch, bodenständig, transparent: Hier wird gekocht, wie man es zu Hause am liebsten immer hätte

„Neben unserem frischen Sortiment bekommt ihr bei uns auch eine Auswahl an leckeren Marmeladen, Pestos, hochwertige Öle, Schokoladen, Wein und Likör."

Die Milch stammt vom Hof Reitbrook, die Marmelade vom Obsthof Quast, Brötchen und Eier vom Demeter-Hof Wörme, der Kaffee von Ulrich Carroux…

Wer sich bei „Hej Papa" auf ein Frühstück oder zum täglich wechselnden Mittagstisch niederlässt, weiß ganz genau, was er bekommt. Und vor allem, woher die Produkte stammen. Die Philosophie von Inhaberfamilie Cramer ist eine simple: Sie kochen ausschließlich das, was sie selbst gern essen und schätzen.

Inspirieren lassen sie sich vor allem vom saisonalen Angebot, von nahezu vergessenen Rezepten, aber natürlich ebenso von aktuellen Trends. So fehlt auf der Frühstückskarte auch nicht der momentane Food-Liebling Avocadobrot mit pochiertem Ei.

Das Ambiente im „Hej Papa" ist eine gelungene Mischung aus Shabby und schlichtem Industrie-Chic. Alles ein bisschen rustikal, aber trotzdem sehr gemütlich.

Wer ein Stück vom „Hej Papa"-Glück mit nach Hause nehmen möchte, kann im Delikatessenregal an der weiß gekachelten Wand stöbern. Hier sind einige der Produkte erhältlich, die in der Küche verwendet werden: Carroux-Kaffee, Marmelade von Frau Quast…

So erreichen Sie uns

Öffnungszeiten Montag, Dienstag, Donnerstag, Freitag 9–16.30 Uhr
Samstag, Sonntag, Feiertage 10–16.30 Uhr, Mittwoch Ruhetag
Adresse Poolstraße 32, 20355 Hamburg
Telefon 040/66872747
E-Mail kontakt@hejpapa.de **Online** www.hej-papa.de
Facebook HEJ PAPA

Fotos. Hej Papa/Chiara Giuliutti

Foto: Yelda Yilmaz

Entspannt genießen im Café Johanna

Einst wanderten hier die Tages-News in Form von Zeitungen über den Tresen. Heute treffen sich die Leute zum Plausch

Zwischen Michaeliskirche und Portugiesenviertel gelegen, schlendern viele Hamburg-Besucher auf ihrem Weg zum Hafen knapp am „Johanna" vorbei. Nein, ein überlaufener Touri-Hotspot ist das Café nicht. Vielmehr sind die Gäste bunt durchmischt.

Morgens lassen sich Freundinnen hier ihr Frühstück schmecken. Zu Mittag verbringen Angestellte aus den umliegenden Bürogebäuden ihre Pause hier. Am Nachmittag trifft man sich auf einen Cappuccino und ein Stückchen hausgemachten Käsekuchen. Das Ambiente in den lichtdurchfluteten Räumen strahlt eine herrliche Lässigkeit aus. Früher hatte es hier einen Kiosk gegeben, der Johanna Knuth gehörte. Als die Dame aufhören musste und der Laden leer stand, griffen die Freundinnen Sarah und Elli zu. Der Name war sofort gesetzt. Ein Café Knuth gab es in Hamburg bereits, also kam nur „Johanna" in Frage.

„Die Croissants, Avocado-Crêpes, der Salat mit Ziegenkäse sowie die Rhabarberkuchen sind legendär."

Jeden Tag wird hier frisch gekocht, hauptächlich mit regionalen Produkten. Der absolute Favorit der Gäste ist ein Salat aus Rohkost, geröstetem Bulgur, Pasta und gratiniertem Ziegenkäse. Vegetarisch ist beliebt, aber kein Muss. Viel wichtiger ist, dass das Essen frisch, saisonal und üppig auf den Tisch kommt. Man soll auch satt werden.

So erreichen Sie uns

Öffnungszeiten Montag–Freitag 8–18 Uhr
Samstag 10–18 Uhr, Sonntag geschlossen
Adresse Venusberg 26, 20459 Hamburg
Telefon 040/38645278
E-Mail info@cafejohanna.de
Online www.cafejohanna.de **Facebook** Café Johanna

Maritime Leichtigkeit im Café Stääbchens

Herrlich, wenn man nicht extra raus ans Meer fahren muss, um sich ihm ganz nah zu fühlen. Anja Staab macht's möglich!

Die Weite, die Leichtigkeit und dann dieses wunderbare Licht! Als Anja Staab mit Anfang zwanzig zum ersten Mal an der Nordsee war, fühlte sie sich augenblicklich wohl. Im Norden leben, das wär's! 2015 hat sich die gebürtige Fränkin dann ihren Wunsch erfüllt. Doch damit nicht genug.

Nach dem Motto: Wenn schon, denn schon, kam zum Umzug von München nach Hamburg auch der Wunsch nach einem neuen Job auf. Aus der Welt der Flugsicherung und IT-Systeme ging es hinein in die Welt von Kaffee- und Kuchenduft. Im Herzen von Eppendorf eröffnete Anja Staab ein Café, in dem sie ihr Motto „Meer geht immer" liebevoll umgesetzt hat.

Wie eine frische Seebrise wirkt das Farbkonzept aus sanften Blautönen, viel Weiß und einigen hellgrauen Tupfen in Form von gemütlichen Sesseln und Sitzkissen. Tische und Stühle im puristischen Skandi-Chic vervollständigen den luftig-leichten Look.

Und was gibt es zu essen? Ein groooooßes Frühstücksangebot. Ob herzhaft, glutenfrei oder vegan, es ist für jeden etwas dabei. Süßschnäbel lieben die hausgemachten Kuchen und Waffeln. Wer's herzhaft mag, greift zu Quiche oder leckeren Panini.

„Meer geht immer! Sanfte Blautöne, liebevoll ausgewählte Dekoration, gemütliche Stühle und Bänke laden zum Rundum-Wohlfühlen ein."

So erreichen Sie uns

Öffnungszeiten Aktuelle Öffnungszeiten finden sich auf der Homepage und auf Facebook

Adresse Woldsenweg 1, 20249 Hamburg

Telefon Tel: 040/50034567 **E-Mail** info@staeaebchens.de

Online www.staeaebchens.de

Facebook Stääbchens Café & Bistro

Fotos.staeaebchens.de

BALZ

Spitzen-Kaffee mit Stulle: Balz und Balz

Bei den Gastro-Geschwistern Kathrin und Chris stehen beste Qualität und ein familiäres Miteinander an erster Stelle

„Unsere Gäste wissen: Wir stehen für hochwertigen Kaffee und Stullen."

Erstklassig schmecken und unbedingt direkt gehandelt muss er sein – ein anderer Kaffee kommt im „Balz und Balz" nicht in die (Filter)-Tüte bzw. den Siebträger. Verantwortlich für die 1a-Zubereitung der duften Bohnen ist Balz Nummer 1, Chris. Er war einst ausgezogen, um in jungen Jahren die Barista-Welt zu erobern. Während er heute sein Können hinter der großen Espressomaschine anwendet und feine Kaffeekreationen zaubert, kümmert sich seine Schwester Kathrin, Balz Nummer 2, um das leibliche Wohl der Gäste.

Ihre Spezialität? Super Stullen! Alle weit weg von der 0815-Variante „ Brot, Butter, Käse, saures Gürkchen". Stattdessen krönen ein zwölf Monate gereifter Deichkäse die Brotschnitte, veredelt zarte Bauernleberwurst aus der elterlichen Fleischerei das Bauernbrot oder gehen Rote Bete, Ziegenfrischkäse und Kresse eine aromatische Verbindung mit der knusprigen Vollkornunterlage ein.

Der Service im „Balz und Balz" fühlt sich an, als sei man zu Gast bei Freunden. Die perfekte Mischung aus modernem und gemütlichem Mobiliar mit hübschen Bodenfliesen sowie viel Holz tragen das Übrige zur Wohlfühlatmosphäre bei. Zu gerne würde man so manches Möbel (samt aller Kuchen in der Theke) mit nach Hause nehmen.

Fotos: Balz & Balz; Harriet Dohmeyer/www.fraeuleinanker.de

So erreichen Sie uns

Öffnungszeiten Dienstag–Freitag 8–18 Uhr
Samstag und Sonntag 9–17 Uhr, Montag ist kreative Pause
Adresse Lehmweg 6, 20251 Hamburg
Telefon 040/60438833 **E-Mail** hello@balzundbalz.de
Online www.balzundbalz.de
Facebook BalzundBalz

Drei tolle Stores und das süße Café *Die Pampi*

Bei portugiesischen Puddingtörtchen Urlaubsatmosphäre schnuppern und hübsche Wohn-Accessoires entdecken

Ganz egal, von welcher Seite sich Hamburgs Wetter wieder mal präsentieren mag: Sobald man das „Die Pampi" nahe der Osterstraße in Eimsbüttel betritt, scheint es, als ob die Sonne aufginge. Ausgesprochen heiter wirkt das Ambiente mit den mintgrün gestrichenen Wänden, den pastellfarbenen Kissen, den hellen Holztischen und -stühlen. Fröhlich stimmt der Blick auf die Karte, auf der sich auffällig viele portugiesische Spezialitäten finden.

Ob es die traditionellen Puddingtörtchen Pasteis de Nata sind, die Reis-Muffins Bolos de Arroz oder die Espresso-Variante Galão – es weht ein unverkennbar südländisches Lüftchen durch das Café. Verantwortlich dafür ist Inhaber Michael Dörries. Er stammt aus Portugal, hat die kleine Urlaubsauszeit mitten in Hamburg geschaffen – und er gab dem süßen Treffpunkt auch seinen ungewöhnlichen Namen. „Die Pampi" ist nämlich nichts anderes als die eingedeutschte Kurzform für das portugiesische Städtchen Pampilhosa da Serra.

„Frühstücken kann man bei uns den ganzen Tag, ob süß oder lieber herzhaft."

Entspannt lässt es sich hier den ganzen Tag frühstücken, snacken und Kuchen futtern. Wer hübsche Accessoires entdeckt, kann diese käuflich erwerben. Noch größer ist die Auswahl in einem der drei gleichnamigen Hamburger Stores von Michael Dörries.

So erreichen Sie uns

Öffnungszeiten Dienstag–Freitag 8–18 Uhr
Samstag und Sonntag 9–18 Uhr, Montag Ruhetag
Adresse Hellkamp 70, 20255 Hamburg
Telefon 040/89726996
E-Mail mail@diepampi.de
Online www.diepampi.de

Fotos: Die Pampi

Fotos: Nicolas Felder/nicolasfelder.com

Zu Gast bei Freundinnen im Glück und Selig

Cappuccino, Espresso & Co. schmecken hier so gut, dass Gäste sich schon eine Kaffeeflatrate wünschten

Lina Weihe und Friederike Konopacka gehen durch dick und dünn. Die beiden Mittdreißiger kennen sich seit der Grundschule, sie wurden zusammen in Lüneburg groß. Nach dem Abschluss zogen sie getrennt in die Ferne. Leipzig, Paris und Schanghai gehörten zu den Stationen. Aber an ihrem Kindheitstraum, zusammen ein Café zu eröffnen, hielten die jungen Frauen fest – und wagten den Schritt in Hamburg mit dem „Glück und Selig".

Etwas Mut und Naivität brauche man schon, sagen sie, um ein Café zu eröffnen. Aber vor allem Sinn fürs Schöne: Vor den einladend großen Schaufenstern ihres Lokals im Stadtteil Eimsbüttel stehen Tische, Stühle und Sitzbänke. In den lichtdurchfluteten Innenräumen dominieren Weißlackiertes und Holz.

Aus der Kaffeemaschine zischt ein Espresso in die Tasse. Es duftet nach frisch gebackenen Waffeln, und der Apfel-Crumble erhält gerade seinen süßen letzten Schliff mit Puderzucker. Von Dienstag bis Freitag servieren Lina und Friederike zwischen 12 und 15 Uhr einen kleinen Lunch. Der Traum aus ihren Kindertagen steht inzwischen auf absolut soliden Füßen: Im April 2018 feierte das „Glück und Selig" seinen siebten Geburtstag.

„Wer's zünftig mag: Auf der Speisekarte stehen original bayerische Weißwürste mit süßem Senf und knuspriger Brezn."

So erreichen Sie uns

Öffnungszeiten Dienstag–Sonntag 9–18 Uhr
Montag Ruhetag
Adresse Heußweg 97, 20255 Hamburg
Telefon 040/32518975
E-Mail cafe@glueck-und-selig.de
Online www.glueck-und-selig.de **Facebook** Glück und Selig

Ohne süß wäre doch bitter: Jö Makrönchen

Was kommt dabei heraus, wenn eine Hamburgerin und ein Schweizer gemeinsam backen? Grenzenloser Genuss!

> „Jö ist Schwyzerdütsch und heißt süß. Na bitte, haben wir gesagt, das passt doch. Schließlich backen wir in unserer Patisserie die wohl süßesten Schweizer Makrönchen."

Es gibt Cafés und Läden, bei denen geht einem bereits beim Betreten der Räumlichkeiten das Herz auf. Das „Jö Makrönchen" in Ottensen ist genau solch eine Adresse. Eingerichtet in zauberhaften Softeisfarben, lenkt hier nichts von den eigentlichen Stars ab.

Wie kleine Juwelen liegen die zart-luftigen Makrönchen sorgfältig aufgereiht in zahlreichen Geschmacksrichtungen hinter Glas. Neben Klassikern wie Karamell mit Fleur de Sel, Pistazie, Champagner oder Schokolade bereichern saisonale Variationen, z. B. Rhabarber-Holunder oder Sauerkirsche-Zitrone mit Tonkabohne das süße Angebot. Die Kreativität der Inhaber Sibylle und Oliver kommt nicht von ungefähr, haben beide vor ihrer Makrönchen-Bäcker-Karriere doch in der Werbebranche gearbeitet.

Für Oliver, der gebürtig aus Zürich stammt, gehören die Minis, die in der Schweiz „Luxemburgerli" heißen, von Kindesbeinen an zum süßen Leben. Sein Vater hatte als Konditor bei Sprüngli gearbeitet.

Mit ihrer eigenen Patisserie und dem angeschlossenen bezaubernden Café zeigt das sympathische Hamburg-Zürich-Duo eindrucksvoll, dass Genuss definitiv keine Grenzen kennt.

So erreichen Sie uns

Öffnungszeiten Dienstag–Freitag 11–18.30 Uhr
Samstag 11–17 Uhr, Sonntag und Montag geschlossen
Adresse Friedensallee 6, 22765 Hamburg
Telefon 040/94780065
E-Mail gruezi@joe-makroenchen.de
Online www.joe-makroenchen.de **Facebook** Jö Makrönchen

Fotos. Uta Gleiser Photography

Fotos: Herr Max; Felix Matthies

Den besten Kuchen im Viertel hat Herr Max

Er ist nicht nur ein krass kreativer Konditor, er hat dazu auch noch eines der liebreizendsten Ladengeschäfte

Zum Naschen bist du auf der Welt", lautet das süße Lebensmotto von Matthias Max. Der Mann hat leicht reden, beherrscht er doch die Herstellung von Naschwerk so perfekt, wie man es sich nur wünschen kann. Seit 10 Jahren ist seine Konditorei und Patisserie „Herr Max" in Hamburgs Schanzenviertel die erste Adresse für besonders feine Kuchen und Torten.

„Zum Naschen bist du auf der Welt."

Zu verkosten gibt's die aus Zucker, Mehl, Sahne und mehr geborenen Träumchen in einem alten Milchgeschäft aus dem Jahr 1905. Und genauso reizend wie sich das anhört, sieht es auch aus. Bis an die Decke reichen die verspielten blau-weißen Kacheln. Dazu gesellen sich Tische und Stühle im barocken Stil. Der Kuchen wird auf Tellern mit Goldrand serviert, der Kakao in großen Bechern. Hinter dem Holztresen, auf dem sich Mandel-Nuss- und Käsekuchen, Blaubeer-Grieß-Tarte, Mango-Zitronen- oder Schokomousse-Torte präsentieren, können Neugierige einen Blick in die Backstube werfen – und bekommen mit ein wenig Glück sogar einen Keks direkt vom Backblech aus dem Ofen.

Steckenpferd von Matthias Max sind kreative Schautorten. Mal in Form einer schicken Handtasche, mal als Comicfigur und immer sehr humorvoll. Einfach sagenhaft, was der Konditor aus Teig, Marzipan und mehr zaubert.

So erreichen Sie uns

Öffnungszeiten Montag–Sonntag 9–21 Uhr
Kein Ruhetag!
Adresse Schulterblatt 12, 20357 Hamburg
Telefon 040/69219951
E-Mail hallo@herrmax.de
Online www.herrmax.de **Facebook** Herr Max

Ein Königreich für Süßes: Café Zuckermonarchie

Einst Catering-Service für kreatives Naschwerk, sind die neuen Räumlichkeiten heute der Sweet Spot auf dem Kiez

Wenn „King Black Forest" und „Prince Peanutbutter Jelly" zum süßen Stelldichein bitten, schlagen die Herzen unzähliger Naschkatzen Purzelbäume. Die sündhaft leckeren Cupcakes gibt es im zauberhaften Königreich der „Zuckermonarchie".

2010 als Event-Catering begonnen, hatte Gründerin Denise Urdahl ihr Unternehmen bereits drei Jahre später um das Café in der Taubenstraße erweitert. Als sich die Möglichkeit bot, die Räumlichkeiten nebenan dazuzunehmen, griff Denise zu. Inzwischen präsentiert sich ihr Café in Hamburg St. Pauli mit drei individuell eingerichteten Themenzimmern. Nach Lust und Laune können es sich die Gäste im romantischen Raum „Prinzessin Victoria", im barock eingerichteten Zimmer „König Ludwig XVI" oder auf der knallig bunten Galerie „Marie Antoinette" gemütlich machen.

„In unserem kleinen Reich wird der süße Genuss stilvoll zelebriert."

Aufgeregt wie ein kleines Kind vor dem Weihnachtsbaum steht man vor der Auslage mit all den verführerischen Köstlichkeiten. Soll es ein Mousse-Törtchen sein, ein Cupcake oder doch lieber ein paar zarte Macarons? Hach, die Cake-Pops sehen aber ebenfalls unwiderstehlich aus! Wahrhaft königlich präsentiert sich im Übrigen auch das opulente Frühstück „Katharina die Große". Oder wie wär's mit einem stilvollen Afternoon Tea?

So erreichen Sie uns

Öffnungszeiten Mittwoch–Freitag 11–19 Uhr
Samstag und Sonntag 10–18 Uhr, Montag und Dienstag geschlossen
Adresse Taubenstraße 15, 20359 Hamburg
Telefon 040/38630682
E-Mail info@zuckermonarchie.de
Online www.zuckermonarchie.de **Facebook** Zuckermonarchie

Fotos. Felix Matthies für Zuckermonarchie

Café Schmidt an der Elbe – Heimathafen für Genießer

Das „Café Schmidt Elbe" in der Großen Elbstraße ist Herz und Heimat von Schmidt & Schmidtchen. Hier zaubern die ausgezeichneten Bäcker und Konditoren in der gläsernen Backstube nach allen Regeln der Handwerkskunst großartige Leckereien, während die großen Pötte in Sichtweite über die Elbe ziehen. Jeden Tag gehen hier Hamburger und Hanseaten auf Zeit ein und aus, um herzhafte und süße Schätze zu genießen – oder auch mitzunehmen. Glück in Tüten für alle!

So erreichen Sie uns

Öffnungszeiten
Mo.–So. 8–18 Uhr
Adresse Große Elbstraße 212, 22767 Hamburg
Telefon 0 40/41 30 67 10 13
E-Mail elbe@schmidt-und-schmidtchen.de
Online schmidt-und-schmidtchen.de

Puristisch und herrlich außergewöhnlich Erste Liebe Bar

Schon beim Betreten der „Erste Liebe Bar" ist man auf Anhieb verliebt. Es ist diese Mischung aus Minimalismus und Design, die fasziniert. Aber nicht nur das! Köstliche Croissants, Pasta, Salate, selbst gebackene Kuchen und bester Kaffee sorgen ebenfalls für Furore. Auch die Kunst kommt nicht zu kurz: Wechselnde Ausstellungen zeigen u. a. Fotografien, Street-Art, Installationen und Gemälde internationaler Künstler.

So erreichen Sie uns

Öffnungszeiten
Mo.–Fr. 8–18, Sa. 9.30–18 Uhr
So. geschlossen
Adresse Michaelisbrücke 3, 20459 Hamburg
Telefon 0 40/36 90 18 08
E-Mail info@ersteliebebar.de
Online www.ersteliebebar.de

Pauline
Himmlisches Frühstück in alter Fleischerei

Ein besonderer Ort für besondere Menschen – das ist die „Pauline". Hier wird auf zwei Etagen Genuss in entspannter Atmosphäre geboten. Standard? Nein. Sterneküche? Nein. Hier wird authentisch und kreativ gekocht und kreiert, stets aus guten saisonalen Produkten, und das den ganzen Tag. Ob Veganer, Leckermäuler oder Food-Lover: Lassen Sie es sich schmecken!

So erreichen Sie uns

Öffnungszeiten
Mo.–Fr. 8.30–16 Uhr,
Sa. 9–18 Uhr, So. 10–18 Uhr
Adresse Neuer Pferdemarkt 3,
20359 Hamburg
Telefon 0 40/41 35 99 64
E-Mail hallo@pauline-hamburg.de
Online www.pauline-hamburg.de

Ein Herz für die Umwelt – und guten Kaffee
In guter Gesellschaft

Genussvolles anbieten und gleichzeitig Gutes für die Umwelt tun – das haben sich Ina und Alana vom ersten Hamburger Zero-Waste-Café „In guter Gesellschaft" vorgenommen. Die zwei Inhaberinnen bieten größtenteils biologische, regionale Produkte an und versuchen, Müll möglichst zu vermeiden. Getrunken wird z. B. aus Einmachgläsern, es gibt vegane Speisen, warme Gerichte, Frühstück und Kuchen.

So erreichen Sie uns

Öffnungszeiten
Di.–So. und an Feiertagen
9.30–21 Uhr
Adresse Sternstraße 25,
20357 Hamburg
Telefon 0 40/30 73 97 63
Online www.in-guter-gesellschaft.com

Foto: Pauline; In guter Gesellschaft: Nassim Ohadi für femtastics.com.

Schmusemomente inklusive im *Café Katzentempel*

Sie lieben Katzen? Dann werden Sie sich im „Café Katzentempel“ von Rilana Rentsch rundum wohlfühlen. Hier können Sie nicht nur die Gesellschaft von sechs zauberhaften Samtpfoten genießen, mit ihnen schmusen und spielen, sondern auch lecker frühstücken, zu Mittag und zu Abend essen. Oder Sie kommen auf einen Kaffee vorbei und gönnen sich dazu ein köstliches Stück Kuchen. Alle Speisen sind natürlich selbst gemacht, vegan (mit Ausnahme der Bio-Milch) und mit einer großen Portion Liebe versehen!

So erreichen Sie uns

Öffnungszeiten
Mo.–Fr. 11–20 Uhr
Sa. 10–20 Uhr, So. 10–18 Uhr
Adresse Kleiner Schäferkamp 24, 20357 Hamburg
Telefon 0 40/18 29 48 91
Reservierungen www.katzentempel.de/hamburg/reservierung

Das Hiersein genießen und sich pudelwohl fühlen im *Café Amira*

Wie wäre es mal wieder mit einem ausgiebigen Frühstück mit Freunden oder leckerem Kaffee und Kuchen mit den lieben Kollegen? Das bezaubernde „Café Amira“ im Herzen Hamburgs lädt die Gäste zum Verweilen ein, Stress und Sorgen haben hier keinen Platz. In jeder Ecke finden sich liebevoll platzierte Details, die beim Genießen von frischen regionalen Produkten für Wohlfühl-Atmosphäre sorgen.

So erreichen Sie uns

Öffnungszeiten
Di.–So. 10–18 Uhr
Adresse Eppendorfer Weg 255, 20251 Hamburg
Telefon 0 40/60 78 30 60
E-Mail kontakt@cafe-amira.de
Online www.cafe-amira.de
Facebook Café Amira

Fotos: Café Katzentemple; Café Amira

Trinken und essen in Cafés von *Hessen*

Ob ländlich, luftig oder lustvoll in stilvoller Salon-Atmosphäre: Die Menschen im „Äppelwoi-Land" verstehen sich bestens darauf, den süßen Genuss auf unterschiedlichste Weise zu zelebrieren

Foto: Boris Borm/www.borisborm.com

Fotos: Andreas Schmidt/schmidtbild.de

Stilvolle Salon-Atmosphäre im Bitter & Zart

Auf der einen Seite eine edle Chocolaterie und auf der anderen ein einzigartiges Café im Look der 20er-Jahre. Was für ein Fest!

Leckermäulchen müssen beim Betreten der Chocolaterie „Bitter & Zart" ganz, ganz stark sein. Allzu überwältigend ist die Auswahl an handgeschöpften Tafelschokoladen, gerösteten Kakaobohnen, Pralinen, Trüffeln, Trinkschokoladen, handgemachten Bonbons, Lakritz und Gebäck.

Seit 2003 verwöhnen Gaby Fürstenberger und Sabine Seidel Schokoladenliebhaber aus Frankfurt und ganz Deutschland mit hochwertigsten Süßwaren. Im Jahr 2012 ist ein weiteres Highlight dazugekommen: das Kaffeehaus im Stil eines 1920er-Jahre-Salons. Detaillreiche Illustrationen sowie Collagen, gestaltet von den Künstlerinnen Oriana Fenwick und Renate Kos, zieren die salbeigrünen Wände. Gäste lassen sich an kleinen Sitzgruppen mit schwarzen Ledersesseln und Bistro-Stühlen nieder. Es werden ausgewählte Teespezialitäten serviert, etwa „Le Palais des Thés" aus Paris. Der aromatisch duftende Kaffee stammt von Bohnen, die eigens für das Café geröstet werden. Ein Sortiment von Pralinen, Trüffeln und Macarons sind feine Begleiter zum Nachmittagskaffee oder -tee.

„Wir haben alles, was an höchster Qualität in der Schokoladenwelt zu finden ist."

Daneben buhlen hausgemachte Zitronen- und Schokoladen-Tarte oder Schoko-Brownie mit Früchten in der Kuchentheke um die Gunst der Gäste.

So erreichen Sie uns

Salon-Öffnungszeiten Montag–Samstag 10–19 Uhr, Sonn- und Feiertage 11–18 Uhr, keine Tischreservierungen möglich

Adresse Braubachstraße 14, 60311 Frankfurt am Main

Telefon 069/96869816

E-Mail info@bitterundzart.de

Online www.bitterundzart.de

Ein Outdoor-Café zum Verlieben schön: das Fein

Die Gäste werden aus einem kleinen Verkaufsfenster heraus bedient, die Kuchenteller sind mit Blüten dekoriert. Entzückend!

Der Weg zum Glück führt manchmal über ziemliche Umwege. Das hat auch Elke Löscher erfahren, die nach dem Schulabschluss direkt den Pfad einer klassischen Beamtenlaufbahn einschlug. Welch ein Irrtum war! Die zweifache Mutter kündigte und gab ihren sicheren Beamtenstatus auf. Stattdessen verschlug es sie in ein Slow-Food-Bistro. Hier kam ihr dann die Erkenntnis: Gastro, das ist es!

Als ihr der Kiosk in der Eschenheimer Anlage angeboten wird, sagt Elke sofort zu. In Eigenregie renoviert sie das nostalgische Schmuckstück und verwandelt es in ein pittoreskes Outdoor-Café im Antik-Stil. Für die Einrichtung und Ausstattung wurden ausschließlich alte Dinge verwendet. Zusammengewürfelt sollte es aber nicht aussehen, alles musste farblich miteinander harmonieren.

„Es ist so inspirierend, wenn Kunden das Besondere spüren, das beflügelt mich."

Wenn heute die Gäste am „Fein" rasten und einkehren, sind sie entzückt, wie liebevoll alles hergerichtet ist. Die Teller sind mit Blütenblättern dekoriert, Macarons und Bonbons in der Auslage farblich passend in hübschen Gläsern arrangiert. Im Sommer finden gelegentlich Musik-Events im Park statt. Dann sitzt das gesamte Viertel auf bunten Decken um „ihr" Open-Air-Café herum, und Elke spürt wieder einmal mehr: So fühlt sich Glück an!

So erreichen Sie uns

Öffnungszeiten Montag–Mittwoch 10.30–22 Uhr
Donnerstag und Freitag 10.30–24 Uhr, Samstag 12–22 Uhr
Sonntag 12–22 Uhr. Außenbestuhlung nur im Sommer
Adresse Petersstraße 4–6, 60313 Frankfurt am Main
Telefon 01 57 30 68 86 68
Facbook www.facebook.com/feinfrankfurt

Foto: Boris Borm/www.borisborm.com

Trinkhalle
Frische Getränke
FEIN
Drinks
1. Ramazotti, Tonic, 7,80
Rosmarin
2. Portwein, Ginger Ale, 7,80
Limette
3. Gin, Himbeere, Salbei 8,80
4. Prosecco, Limette, Ingwer 7,80
5. Gin, Tonic 8,80
6. Prosecco, Aperol 7,80
7. Negroni (Gin, Wermout, Campari) Spritz 9,80
8. Baileys iced coffee 4,80

Hessen

Fotos: Tia Emma

Kaffee, Geschenke und Magazine bei Tía Emma

Wer ein Faible für ausgefallenes Design hat, wird den Concept-Coffee-Store von Wiebke und Rosaria lieben

Wie ein farbenfrohes Schmuckkästchen präsentiert sich das „Tía Emma“ auf der Alten Gasse in Frankfurts Innenstadt. Betritt man den kleinen Concept Store, eröffnet sich eine Welt aus ausgefallenen Deko- und Wohn-Accessoires, charmanter Papeterie sowie lustigen Spielsachen. Keine Spur von gähnend langweiligem Einheitsbrei. Stattdessen sind alle Produkte liebevoll von Manufakturen und eigenständigen Designern aus der ganzen Welt zusammengetragen. **Dass hier Experten am Werk sind,** ist offensichtlich. Tatsächlich sind die Inhaberinnen Wiebke Kress-Ochmann und Rosaria Messina Diplom-Designerinnen, die einfach keine Lust mehr auf all den gewöhnlichen Kram hatten. **Als Namen** wählten sie ganz bewusst „Tía Emma“. Er soll eine Hommage an den guten alten Tante-Emma-Laden sein. Und weil der früher neben dem Einkaufen auch zum Treffen ein beliebtes Ziel war, richteten Wiebke und Rosaria in ihrem Concept Store auch gleich noch Sitzgelegenheiten ein. **Bei einem Espresso** genießt man die heimelig-fröhliche Atmosphäre und kann dabei nach Lust und Laune in internationalen Design-Magazinen blättern. An der Theke verführen Kekse und Kuchen zum Versüßen der entspannten Auszeit.

> „Es gibt Menschen, die kommen rein, staunen und sagen: Oh, wie schön!“

So erreichen Sie uns

Öffnungszeiten Montag–Freitag 11–19 Uhr
Samstag 11–17 Uhr, Sonntag geschlossen
Adresse Alte Gasse 4, 60313 Frankfurt am Main
Telefon 069/8003940
E-Mail mail@tia-emma.de
Online www.tia-emma.de

Immer rein in die heimelige Stube! Das Café *Landlust*

Wer bei Sabine Heil auf einen Kaffee und Kuchen einkehrt, kommt nicht selten mit etwas Hübschem wieder heraus

Als gelernte Floristin hat Sabine Heil einen Blick für das Schöne. Und genau wie sie Blumen mit wenigen Griffen zum Strahlen bringen kann, so gekonnt arrangiert sie hübsche Dinge und schafft wunderbare Stillleben. So war irgendwann in ihr der Traum vom eigenen Laden für Wohn-Accessoires und Geschenke erwacht. Sie wollte einen Treffpunkt schaffen, an dem die Leute nach schönen Dingen stöbern und sich dabei auch noch einen Kaffee schmecken lassen konnten.

Es wurde genau umgekehrt. Den Kunden schmeckte es bei Sabine Heil so gut, dass sie den Schwerpunkt gleich zu Beginn auf das Café legte. Ideal, um entspannt in den Tag zu starten, ist das Frühstück (von 9–12 Uhr) mit selbst gemachten Marmeladen, verschiedenen Käsespezialitäten, hausgemachter Wurst und frischem Landbrot. Den ganzen Tag über gibt es himmlische Torten und Kuchen, mit Liebe von Sabine Heil und ihrem Team gebacken. Egal ob man sich für süße oder herzhafte Köstlichkeiten entscheidet, als Gast fühlt man sich in der heimeligen Stube immer herzlich willkommen.

„Harmonie, lecker Kuchen und eine entspannte Atmosphäre sind uns wichtig."

Wohn-Accessoires und Geschenke gibt's natürlich immer noch im Angebot. Nahezu alles, was in dem Café hängt, steht oder liegt, kann käuflich erworben werden.

So erreichen Sie uns

Öffnungszeiten Montag–Samstag 9–18 Uhr
Sonntag 14–17 Uhr

Adresse Johannesstraße 13, 36251 Bad Hersfeld

Telefon 06621/4379137

E-Mail info@landlust-hersfeld.de

Online www.landlust-hersfeld.de

Fotos: Joachim Heil

Impressum

Lieblingscafés © 2018
erscheint in der M.I.G Medien Innovation GmbH, Hubert-Burda-Platz 1, 77652 Offenburg, Tel.: 07 81/84 51 16 Fax: 07 81/84 52 40

V.i.S.d.P.: Jutta Kässinger (Konzept & Idee)

E-Mail: sweetdreams@burda.com

Autoren:
Christiane Antonino, Susi Drießle, Stephanie Drönner, Christina Feser, Ulrike Mattern, Ulrike Ostrop

Art Direction und Layout:
Tom Wimmer

Schlussredaktion:
Schlussredaktion Hamburg

Herstellung:
Melanie Räpple

Repro:
Thomas Wiedemer, Pixel4media – Burda Magazine Holding GmbH

Geschäftsführung:
Frank-J. Ohlhorst, Kay Labinsky

Managing Director:
Nina Winter

Senior Brand Manager:
Frauke Fabel

Vertrieb:
MZV GmbH & Co. KG, 85716 Unterschleißheim, www.mzv.de

Vertriebsleitung:
Timo Wenzlawski

Datenschutzanfrage:
Tel.: 07 81/639 6100 Fax: 07 81/639 6101; E-Mail: mig@datenschutzanfrage.de

Druck: B & K Offsetdruck GmbH, 77833 Ottersweier

Einzelheftbestellung:
Pressevertrieb Nord KG, Schnackenburgallee 11, 22525 Hamburg, Tel. 0180/6 01 29 06 (0,20 €/Anruf aus dem dt. Festnetz, Mobilfunk max. 0,60 €/Anruf. Abweichende Preise aus dem Ausland möglich. Mo.–Fr. 8–20 Uhr)
E-Mail: einzelheftbestellung@pvn.de

Internet: www.burda-foodshop.de

Redaktionsschluss war der 1.8.2018.

Milch und Zucker
„Wir servieren, was wir lieben“

Dass hier alles mit Liebe gemacht wird, das schmeckt man nicht nur, das spürt man auch förmlich. „Milch und Zucker“ ist ein kleiner, herrlich uriger Treffpunkt mitten im Frankfurter Nordend. Hier kann man bei einem schnellen Espresso an der Theke auf die Bahn warten, ein abwechslungsreiches Frühstück zu sich nehmen oder am Abend mit Freunden gemütlich ein Glas Wein trinken, eine Brotzeit, Salate oder Käsespezialitäten dazu genießen.

So erreichen Sie uns

Öffnungszeiten
Mi.–Mo. 9–18 Uhr
Di. geschlossen
Adresse Eckenheimer Landstr. 107, 60318 Frankfurt am Main
Telefon 0 69/90 75 86 01
E-Mail post@milchundzucker-ffm.de
Online wirliebenwaswirtun.de

Frankfurt

So himmlisch schmecken Märchen
Mokka Teeria

Wiener Kaffeehausstil trifft auf orientalische Gemütlichkeit – welch eine wunderbare Konstellation! Prächtige Farben und feine Stoffe laden zum Verweilen in der arabisch-modern interpretierten Lounge ein. Inhaber Ömür Kar und sein Team bieten den Gästen handgemachten Mokka, köstlichen Kaffee, süße Versuchungen und herzhafte Speisen. Ja, wer hierherkommt, fühlt sich sofort wie im Märchen…

So erreichen Sie uns

Öffnungszeiten
Mo–Sa. 10–22 Uhr
So. 11–22 Uhr
Adresse Heidestraße 149, 60385 Frankfurt am Main
Telefon 0 69/21 00 82 25
E-Mail info@mokkateeria.de
Online www.mokkateeria.de

Fotos: Milch und Zucker; Mokka Teeria/ Ernst-Stratmann

Martinis Hofcafé
Verführerisches im Hütten-Stil

Eine alte Scheune im heimeligen Stil mit viel Holz und Sammlerstücken aus Porzellan, ein Laden mit Dekorativem sowie ausgesuchten regionalen Produkten – und eine Frau, die gern Gäste verwöhnt. „Ich koche und backe, seit ich 14 bin", verrät Martina Martini. „Alle Kuchen und Torten im ‚Hofcafé' sind hausgemacht." Unterstützt wird sie dabei von Freunden und Verwandten.

So erreichen Sie uns

Öffnungszeiten
Fr., Sa. 14–19, So. 14.30–19 Uhr
Mo.–Do. geschlossen
Adresse Hauptstraße 74,
35440 Linden
Telefon 01 73 6 79 22 86
Schoenes@Martina-Martini.de
Online www.martina-martini.de

Kunst & Kaffee im kunstvollem Ambiente
Wunderbar

Bitte eintreten! In der „Wunderbar", einem modernen Café, wo ein antiker Mosaikspiegel aus Mailand bewundert werden kann, bekommt man nicht nur ein super Frühstück, sonder auch internationale Speisen serviert. Zudem erhalten Künstler hier die Möglichkeit, ihre Werke vor einem breiten Publikum auszustellen. Dadurch bleibt der beliebte Szenetreff seit jetzt schon über 30 Jahren spannend und lebendig.

So erreichen Sie uns

Öffnungszeiten
Täglich 10–1 Uhr
Sonntags Brunch-Büfett
Adresse Antoniterstr. 16,
65929 Frankfurt-Höchst
Telefon 0 69/31 87 83
E-Mail mail@cafewunderbar.de
Online www.cafewunderbar.de

Fotos: Martina Martini; Wunderbar

Wiesbaden

Dale's Cake Café
Hier werden Naschkatzen fündig & sündig

Dale's Cake Café" wurde von Ly Phan und Dale Stinson gegründet. Die zwei erfüllten sich damit ihren Traum, Süßschnäbel mit selbst gebackenen amerikanischen Kuchen zu verwöhnen. Wenn Dale nur nicht immer von den frischen Köstlichkeiten naschen würde, sodass Ly noch zum Verzieren kommt, wäre alles perfekt. Die Kreationen der zwei sind aber auch wirklich zum Anbeißen! Wer's herzhaft mag, kommt hier übrigens auch auf seine Kosten…

So erreichen Sie uns

Öffnungszeiten
Mo.–Fr. 8–19 Uhr
Sa. 9–19 Uhr, So. 10–19 Uhr
Adresse Nerostraße 12,
65183 Wiesbaden
Telefon 06 11/98 82 77 33
E-Mail info@dalescake.com
Online www.dalescake.com

Michelstadt | Odenwald

Weltmeisterlich schlemmen im Cafe Siefert

Das „Cafe Siefert" im Herzen von Michelstadt im Odenwald gehört zu den renommiertesten und am höchsten dekorierten Konditoreien in Deutschland und ist die Heimat von Weltmeister Bernd Siefert und seiner Schwester Astrid, einer ebenfalls mehrfach ausgezeichneten Konditorin. Ob im historischen Gastraum oder im Cafe: Es ist stets eine Wonne, die süßen Leckereien der beiden zu genießen.

So erreichen Sie uns

Öffnungszeiten
Di. 12–18, Mi.–Sa. 9–18 Uhr
So. 10–18 Uhr, Mo. geschlossen
Adresse Braunstraße 17,
64720 Michelstadt
Telefon 0 60 61/30 68
E-Mail kontakt@cafesiefert.de
Online www.cafesiefert.de

Fotos: Dales Cake: Suzanne Pepper ; Cafe Siefert: Cholo Aleman/Wikimedia Commons

Frankfurt

Morcolade
Kuchen aus aller Welt neu interpretiert

Willkommen in der „Morcolade"! Neben Spezialitäten wie „Israeli-Cheesecake" oder dem japanischen Matchakuchen „Osaka-Latte" gibt es zudem vegane Kreationen, die in der gläsernen Backstube mit viel Liebe zubereitet werden. Gern kommen Gäste auch zum Frühstücken, Hummus- und Shakshuka-Essen. Im Indoor-Garten kann man zusammensitzen oder in einem Buch aus der hauseigenen Bibliothek schmökern. Hier fühlt sich jeder wohl!

So erreichen Sie uns

Öffnungszeiten
Mo.–Fr. 8–18.30, Sa./So. 10–18.30 Uhr
Adresse Eichwaldstraße 2, 60385 Frankfurt am Main
Telefon 0 69/48 00 18 18
E-Mail team@morcolade.de
Online www.morcolade.de
instagram.com/morcolade

Heppenheim

Eintauchen in die Welt von gestern im Muse Chocolat

Idyllisch im verträumten Heppenheim gelegen: das pittoreske Café „Muse Chocolat", im französichen Chic auf mehreren Etagen eingerichtet. Den Gast erwartet ein Allround-Paket vom Frühstückstisch über mehrgängige Menüs bis hin zu süßer Patisserie-Kunst. Wer eine kleine Auszeit sucht, gemütlich-elegantes Ambiente liebt und sich kulinarisch verwöhnen lassen möchte, ist hier genau richtig …

So erreichen Sie uns

Öffnungszeiten
Mi.–So. 10–18 Uhr
Mo./Di. geschlossen
Adresse Marktstraße 1 + 4, 64646 Heppenheim (Bergstraße)
Telefon 06 25 2/9 67 67 40
E-Mail info@musechocolat.de
Online www.musechocolat.de

Hessen

Foto: Morcolade: Kajul Photography; Muse chocolat: Micasa Wohnkultur/micasa.de

Brinner

Der neue Trend: Frühstück von früh bis spät

„Frühstücksgenuss zu jeder Tageszeit – mit vielen raffiniert-feinen Verwöhn-Ideen."

Prima Nachrichten für Langschläfer und Frühstücksfans: Die Chancen, die Lieblingsmahlzeit selbst zu vorgerückter Tageszeit im Café bestellen zu können, wachsen! Das Zauberwort heißt „Brinner“. Die Kombination aus Frühstück und Abendessen entzückt in den USA bereits eine große Food-Gemeinde.

Wann ist Zeit für Brinner? Ganz einfach: immer! Rund um die Uhr! Denn die Wortschöpfung aus „Breakfast“ und „Dinner“ vereint das Beste von Frühstück und Abendessen. Vorteil: Im Vergleich zum klassischen Dinner sind Brinner-Kreationen oft schneller zubereitet. Dennoch sättigen sie nicht weniger als z. B. ein Pasta-Gericht.

Süß oder herzhaft? Beides! Nach dem Motto „Erlaubt ist, was schmeckt“ werden süße Frühstücksklassiker beim Brinner mit deftigen Speisen kombiniert.

Und was ist mit Brunch? Brinner unterscheidet sich zu der bekannten Kombi aus Frühstück und Mittagessen insofern, dass nicht einerseits Süßes und andererseits Herzhaftes geboten wird. Vielmehr werden süße Frühstücksklassiker und deftige Abendmahlzeiten in Snacks miteinander kombiniert. Groß kochen fällt nicht an. Heraus kommen Köstlichkeiten wie z. B. Waffeln mit herzhaftem Hähnchensalat. Croissants gibt es mit Käse überbacken, süße Pancakes treffen auf Ei und Speck.

Foto: StockFood

Süße Frühstück-Styles

French Style
Zum Café au lait genießt man klassisch butterige Croissants mit Konfitüre

Swiss Style
Herr Bircher hat es erfunden, heute begeistern Müslis Groß und Klein

American Style
Vor allem Kinder lieben Cornflakes – gern mit fruchtigem Topping

Suppe, Aufstrich & Co.

So wird's ein leckerer Tag

Japanese Style

Im Land der aufgehenden Sonne genießt man schon am Morgen die sogenannte Miso-Suppe. Miso, die gleichnamige Würzpaste aus Sojabohnen, wird hierfür wie ein Brühwürfel verwendet, Dashi, ein Fischsud, und Wakame, ein Algen-Extrakt, sorgen für das typische Aroma der Suppe. Mit buntem Gemüse, Kräutern, Tofu, Nudeln gesund und lecker.

Mexican Style

Frühstücks-Burritos – dahinter verbirgt sich eigentlich nichts anderes als pikantes Rührei mit allerlei Zutaten nach Wahl, z. B. Speck, Gemüse, Reis, Avocado, Kichererbsen, Frühlingszwiebeln, Kräutern, was auch immer, mit geriebenem Käse, Sauerrahm oder Salsa-Topping in Weizentortillas gewickelt

French Style

Geflügelleberpastete aus Frankreich hat sicherlich schon manch einer mit einem knusprigen Baguette probiert, vielleicht sogar die legendäre Foie gras. Wesentlich beliebter sind inzwischen einfachere Varianten – und diese eher als Brinner-Gericht am späten Nachmittag zu einem edlen, gut gekühlten Tropfen Weißwein.

Buddha Style

Die angesagten Buddha Bowls sind echte Sattmacher-Knüller und machen Lust auf neuen Genuss. Hierbei wird eine kunterbunte Mischung aus gesunden Leckereien in Schüsseln serviert – egal ob süß, z. B. mit Acai-Beeren, Avocado, Banane und Kakao, oder pikant mit Reis, Quinoa, Gemüse, Avocado, Räucherlachs und Haloumi.

American Style

Dieser Klassiker aus Übersee hat es in sich – an Kalorien definitiv. Doch Eggs Benedict, so der Name der pochierten Eier mit Schinken, Spinat und einer üppigen Portion Sauce hollandaise auf englischen Muffins, haben einen unglaublichen Suchtfaktor – sooo lecker!

Brit Style

Pancakes – etwas mehr Aufmerksamkeit brauchen sie schon. Aber sonst? Blaubeeren, Buttermilch, Ahornsirup, ein paar Grundzutaten und ein bisschen Zeit: Fertig ist das Spitzenfrühstück. Jetzt genießt man es mit Speck und Äpfeln oder Birnen.

Italian Vegan Style

Basilikum und Parmesan sind die würzigen Zutaten für diesen raffinierten Bruschetta-Aufstrich aus Erbsen und Bohnen. Frisch, leicht süß und nicht zu intensiv, also genau richtig für all diejenigen, die morgens noch nicht die volle Geschmacksdröhnung vertragen.

Fotos: StockFood

JETZT NEU:
Der mein schönes Land Gasthof-Führer 2018
für nur 9,95 €
• Über 100 Landgasthöfe in Deutschlan
Österreich und der Schweiz
• Mit großem Service-Teil: Übernachtun
möglichkeiten, Spezialitäten des Haus
Erzeugnisse aus eigener Herstellung
• Wissenswertes zu allen Weinregionen
und viele Hintergrundinformationen
mein schönes Land Gasthöfe
DER NEUE LANDGASTHOF-FÜHRER 2018
Gasthaus zum Schmidbauer
ausgewählt von der mein schönes Land Redaktion
ÜBER 100 TOP-LANDGASTHÖFE IN DEUTSCHLAND, ÖSTERREICH UND IN DER SCHWEIZ
Posthorn
Auf einen Blick
JETZT im Buch- und Zeitschrifte
handel, auf Amazon sowie unte
www.produkte-land.de erhältli

Best of Coffee hoch oben an der Ostsee

Rostock, Rügen, Wismar, Waren an der Müritz …
Die nordöstlichste Ecke Deutschlands ist ein Urlaubsparadies – und auch für Naschkatzen der Himmel auf Erden

Foto: Sylvia Pollex/Lookphotos

Ein Stück vom Glück im *Café Glücklich*

Seit zehn Jahren ist das Kaffeehaus eine Oase für Naschkatzen, die Törtchen und „namhaftes" Backwerk lieben

Wie sieht Glück aus und wo lässt es sich finden? Für Katharina Glücklich stellen sich diese Fragen nicht mehr. Seit die gebürtige Sauerländerin ihren Traum verwirklicht und 2008 ein Café in der Hansestadt eröffnet hat, kann sie es nahezu täglich mit allen Sinnen erleben. In gemütlichem Wohnzimmer-Ambiente serviert sie ihren Gästen Süßes mit persönlicher Note. So sind zahlreiche Leckereien nach ihren Mitarbeitern benannt und heißen z. B. „Steffis süßes Geheimnis" oder auch „Annas-Down-Under-Abenteuer-Torte". **Insgesamt sind täglich 15 bis 20 Torten und Kuchen im Angebot,** die den ganzen Tag über immer wieder frisch gebacken werden, weshalb stets ein verführerischer Duft durch die Räume zieht. An Dienstagen ist die Auswahl an veganen Leckereien extra groß.

„Am Dienstag ist unser Angebot an veganen Leckereien besonders groß."

Eine besonders charmante Idee sind die Tassentörtchen. „Das Café ist eine Art Gnadenhof für Sammeltassen geworden. Viele Gäste bringen uns Exemplare vorbei, mit denen sie nichts anzufangen wissen", erzählt die Inhaberin. Statt sie in einer Vitrine auszustellen, kredenzt Katharina Glücklich darin lieber ihr Naschwerk. Oder verwendet sie für das beliebte Sektfrühstück „Liebesglück" für zwei Personen mit hausgemachten Bagels und Marmelade. Eier und Wurst stammen vom nahen Bauernhof und tragen selbstverständlich das Prädikat „Tierglück".

So erreichen Sie uns

Öffnungszeiten Mai–Oktober täglich 9–19 Uhr
November–April täglich 9–18 Uhr
Adresse Schweinsbrücke 7,
23966 Wismar
Telefon 03841/7969377
Facebook https://www.facebook.com/cafe.gluecklich/

Mecklenburg-Vorpommern

Fotos:Café Glücklich (2), Frank Söllner

Fotos: Louisa Behnke

Auszeit à la Skandinavien im Café Lindquist

Sei frech und wild und wunderbar! Gastgeber mit diesem Lebensmotto möchte man doch zu gerne kennenlernen

Kleine finnisch-schwedische Törtchen, finnischer weißer oder brauner Schoko-Kuchen, eine feine Fischsuppe und als Mittsommer-Spezial Rote-Bete-Carpaccio mit Wildkräutersalat und Matjesfilet an Limonen-Crème-fraîche. Wer schon immer wissen wollte, mit welchen Leckereien die Skandinavier das Leben feiern, der sollte bei seinem nächsten Ostsee-Aufenthalt unbedingt einmal das „Café Lindquist" in Boltenhagen besuchen.

„Die Möbel für unser Café haben wir direkt aus Skandinavien mitgebracht."

Keine 50 Meter vom Strand entfernt sitzt man auf einer Terrasse in hyggeliger Atmosphäre unter hohen Bäumen und genießt den freien Blick auf das Meer. Im Inneren laden helle Räume, eingerichtet mit weißen Holzmöbeln und kuscheligen Marimekko-Kissen, zu einer kleinen nordischen Auszeit ein.

Im Mai 2017 von der gebürtigen Finnlandschwedin Pia Lindquist-Franz und ihrem Mann Henry eröffnet, legte das Café einen wahren Senkrechtstart hin. Die Leckereien auf der Karte treffen aber auch mitten ins Herz. Genau wie übrigens das Motto der charmanten Inhaberin: „Sei frech und wild und wunderbar." Der Spruch stammt von der beliebten schwedischen Kinderbuchautorin Astrid Lindgren und vermittelt eine Leichtigkeit, die man als Erwachsener leider allzu oft aus den Augen verliert.

So erreichen Sie uns

Öffnungszeiten

Hauptsaison Montag–Sonntag 11–17.30 Uhr; kein Ruhetag

Nebensaison Öffnungszeiten auf Facebook Café Lindquist

Adresse Strandpromenade 36, 23946 Ostseebad Boltenhagen

Telefon 03 88 25/85 99 00

Online www.cafe-lindquist.de

Im Cupcake-Schlaraffenland zu Gast bei *Miss Törtchen*

Was geschieht, wenn Mutter und Tochter einen süßen Plan träumen? Im Bestfall gibt es ein rosarotes Erwachen

Seit Lydia und Elke Lörke 2013 den Schweriner Gründerwettbewerb mit ihrer Idee von einem amerikanischen Café gewonnen haben, sehen die beiden rosarot. In dieser Farbe erstrahlt das Logo von „Miss Törtchen“, und auch beim Interieur ihres Cafés dominiert Rosa. Mit viel Mühe, Kreativität und Rechnerei hat das Mutter-Tochter-Gespann das geschafft, wovon viele träumen: ein eigenes Café.

Dabei war der Job-Plan von Lydia eigentlich ein anderer gewesen. Doch als die gelernte Kauffrau für Marketing und Kommunikation zum Geburtstag ihrer Mutter keine Cupcakes auftreiben konnte, fing sie selbst mit dem Backen an. Sie fotografierte die Törtchen und postete sie auf Facebook. Schnell fanden sich Fans, Bestellwünsche gingen ein. Lydia erzählte ihrer Mutter davon, die als Köchin immer schon von der Selbstständigkeit geträumt hatte. Die Idee vom Café kam ins Rollen.

„Wir tun alles, um unsere Gäste mit neuen Kreationen zu überraschen.“

In der Schusterstraße 8 fanden die beiden den passenden Laden, in dem heute wie wild gebacken und verziert wird. In der Auslage buhlen Cup- und Cheesecakes um die Herzen der Naschkatzen. Zur Hochform läuft Lydia auf, wenn es um Motivtorten für ganz spezielle Anlässe geht. Dann erweckt sie schon mal ein Einhorn zum süßen Leben. (K)ein Traum!

So erreichen Sie uns

Öffnungszeiten

Dienstag–Samstag 11–18 Uhr

Sonntag 13–17 Uhr, Montag geschlossen

Adresse Schusterstraße 8, 19055 Schwerin

Telefon 0385/39378735

Facebook https://www.facebook.com/MissToertchen/

Fotos: Sylvia Pollex/Lookphotos, SVZ/Reinhard Klawitter, Kerstin Otto/ instagram (@frau.otto)

Café A Rebours
Im Petit Salon die Zeit anhalten

Einfach mal dem immer schneller werdenden Alltag entfliehen und in ruhige Zeiten abtauchen – wer träumt nicht manchmal davon? Bei einem Besuch im „Café A Rebours" geht dieser Wunsch in Erfüllung. Versunken in geblümten Polstersesseln und -sofas, lädt der Petit Salon mit hausgemachten Kuchen, Kaffee- und Tee-Spezialitäten zum Durchatmen ein. Wer's herzhaft mag, findet eine kleine Auswahl an Bistro-Spezialitäten wie Flammkuchen oder Datteln im Speckmantel.

So erreichen Sie uns

Öffnungszeiten
Mo., Mi., Do. 14–21, Fr. 14–23 Uhr
Sa. 9–23, So. 10–18 Uhr, Di. zu
Adresse Am Wendländer Schilde 5, 18055 Rostock
Telefon 0381/1276216
E-Mail kontakt@cafe-arebours.de
Online www.cafe-arebours.de

Rostock

Süßer Treff
Törtcheneck Schwesterherz

Eine der süßesten Ecken in der Hansestadt liegt zwischen Große Wasserstraße und Beginenberg. Hier betreiben Maike Klee und Denise Dau ihr Café „Törtcheneck Schwesterherz". Allem voran verwöhnen sie ihre Kunden mit selbstgebackenen Cupcakes. Fünf unterschiedliche Sorten (darunter der Dauerbrenner Blaubeer) bieten die Schwestern täglich in ihrer Törtchen-Schmiede an, darunter auch vegane Varianten. Cake-Pops, Kuchen und Torten runden das süße Angebot ab.

So erreichen Sie uns

Öffnungszeiten
Di.–Sa. 13–17.30 Uhr,
So. und Mo. geschlossen
Adresse Große Wasserstr. 1, 18055 Rostock
Telefon 0381/85798528 **E-Mail** toertcheneck-schwesterherz@gmx.de
Online www.törtcheneck.de

Fotos: A Rebours, Törtcheneck Schwesterherz, Café Naschwerk, Café Klatsch

Weberin

Café Naschwerk
Geschmackvolles mit holländischer Note

Wer Kunst und guten Kaffee mag, ist im „Café Naschwerk“ an der richtigen Adresse. Gekonnt kombiniert Edje (der „verrückte Holländer“) hier beides, indem er optische Genüsse geschmackvoll inszeniert. Alle zwei Monate kommen neue Bilder an die Wand, wodurch sich die Räumlichkeiten stets verändern. Zu den Spezialitäten gehören Edjes holländischer Apfelkuchen, gebackener Käsekuchen, eine Monchou-Torte mit krokantig-knackigem Boden und eine italienische Torta Caprese.

So erreichen Sie uns

Öffnungszeiten
Fr. 14–18 Uhr
Sa., So., Feiertage 10–18 Uhr
Adresse Kritzowerstr. 7, 19412 Weberin
Telefon 03863/522532
E-Mail edje@cafe-naschwerk.de
Online www.cafe-naschwerk.de

Baabe | Rügen

Gaumenfreuden im Doppelpack: Café Klatsch

Für versierte Rügen-Urlauber gehört ein Besuch bei den Zwillingsschwestern Andrea und Dorina Franz zur Ostseeinsel wie ein Ausflug zum berühmten Königsstuhl. Und auch bei den Rüganern stehen die selbst gemachten Kuchen und Torten ganz hoch im Kurs. Zehn bis zwölf Sorten haben die Mädels täglich im Angebot. Zu Sanddornschnitten, Bernsteinkuchen oder glutenfreien Torten werden dazu in entspannt-familiärer Atmosphäre feine Kaffee- und Teespeziaitäten serviert.

So erreichen Sie uns

Öffnungszeiten
März–November und über den Jahreswechsel: Mi.–So. ab 11.30 Uhr
Mo. und Di. geschlossen
Adresse Am Kurpark 2, 18586 Baabe
Telefon 0172 3027058
E-Mail info@baabe-cafeklatsch.de
Online www.baabe-cafeklatsch.de

Rostock

Süßer Duft liegt in der Luft im Törtchenlokal Waldenberger

Vielleicht liegt es am verführerischen Zimtduft, vielleicht an der Einrichtung, die an eine urgemütlichen Gartenlaube erinnert. Was es auch sein mag: Sobald man das Café in der Kröpeliner-Tor-Vorstadt betritt, stellt sich ein heimeliges Wohlgefühl ein. Wichtig ist Betreiber Timm Berger vor allem, ein Ort zu sein, an dem Menschen und Geschichten, aber auch neue Ideen sowie Traditionsbewusstsein zusammentreffen. So entstehen in seiner Backstube sowohl herkömmlich hergestellte als auch vegane Leckereien.

So erreichen Sie uns

Öffnungszeiten
Täglich 12–19 Uhr
Reservierungen möglich
Adresse Waldemarstraße 52, 18057 Rostock – KTV
Telefon: 01 76 23 31 45 81
E-Mail: buero@waldenberger.org
Online: www.waldenberger.org

Waren | Müritz

Dat Tortenhus „Platte Kauken" hinter Backsteinmauern

Schon die Lage des Backsteinhauses an einem der schönsten Plätze in Warens Altstadt ist allererste Sahne. Wen das allein noch nicht dahinschmelzen lässt: Spätestens an der Backtheke von Karin und Birko Maluschak wird jeder schwach. Verführerisch versammeln sich hier „platte Kauken" (Blechkuchen), turmhohe Schmandtorte mit Sanddorn sowie Apfel-Vanille-Thymian- neben Mohntorte mit Eierschecke. „Dat Tortenhus", für Süßschnäbel ein wahr gewordenes Naschhaus.

So erreichen Sie uns

Öffnungszeiten
Mi.–Mo. 11–18 Uhr
Dienstag geschlossen
Adresse Kirchenstraße 16, 17192 Waren (Müritz)
Telefon 01 70 5 48 65 88
E-Mail info@dat-tortenhus.de
Online www.dat-tortenhus.de

Fotos: Dat Tortenhus: Dominikus Holzheimer; Martin Börner für Törtchenlokal Waldenberger

Cafés mit Herz locken nach Niedersachsen

Zwischen Nordsee und Harz, Elbe und Ems laden tolle Genuss-Treffpunkte zu inspirierenden Zwischenstopps. „Denn man tau“ (plattdeutsch für „Auf geht's!“)

Foto: David Elgnowski

Fotos: Susanne Irmer/www.milas-deli.com

Erst die Arbeit und danach …ins Cafve

„Gemeinsam machen“ heißt das Motto im „Hafven“ in Hannover-Nordstadt. Und für einen feinen Treffpunkt ist auch gesorgt

Nein, bei „Hafven“ handelt es sich nicht um einen Tippfehler. Vielmehr ist der Name ein Kunstbegriff aus dem deutschen „Hafen“ sowie dem englischen Wort „Haven“ (dt. Zufluchtsort). Er weist darauf hin, dass hier alles etwas anders ist.

In dem futuristischen Gebäude wurden Coworking Space und Maker Area zusammengefasst, und so findet man hier nicht nur das typische Bild von Gründern an ihren Laptops – es geht auch richtig handfest zur Sache: Es wird geschweißt, gehobelt und gewerkelt. Die Idee dahinter: Je mehr kreative Köpfe und Hände sich unter einem Dach versammeln, desto bessere Ideen entstehen. Das angeschlossene „Cafve“ lädt vor allem Besucher von außen ein, ist aber auch ein beliebter Treff der Mitglieder. Klar, das sämtliche Möbel darin in der hauseigenen Werkstatt gefertigt wurden.

Auf der Karte stehen vegetarische und vegane Snacks wie gegrillte Sauerteig-Panini, Wraps und Salate aus regionalen und biologischen Zutaten. Mit Cheesecake, Möhrenkuchen, Brownies und allerlei mehr Naschwerk lassen sich die Tage prima versüßen. Und samstags gibt's Frühstück von 10 bis 15.30 Uhr!

> *„Wir verarbeiten frische Lebensmittel, die mit Liebe zum Produkt und zum Handwerk produziert werden und vor allem eins haben: Geschmack.“*

So erreichen Sie uns

Öffnungszeiten Montag–Freitag 9–18 Uhr
Samstag 10–18 Uhr, an Sonn- und Feiertagen geschlossen
Adresse Kopernikusstraße 14, 30167 Hannover
Telefon 0511/885090500
E-Mail hello@hafven.de
Online www.hafven.de **Facebook** CAFVE

Das *Birds* erfüllt gleich drei Wünsche auf einmal

Ausgesuchte Kaffee-Spezailitäten, leckere Bistro-Snacks und gepflegte Cocktails: herzlich willkommen in Sophies Welt!

Ein vielfältiges Kulturleben, studentische Lässigkeit und ein tolles Gastro-Angebot: Göttingen hat für jeden Geschmack etwas zu bieten. Und für all jene, die Schwierigkeiten haben, sich zu entscheiden, ob es für die entspannte Auszeit ein Café, ein Bistro oder doch lieber eine Bar sein soll, gibt es eine erstklassige Anlaufstelle.

Das „Birds" kann nämlich alles drei! Wer morgens eintrudelt, darf sich auf duftenden Kaffee freuen. Wahlweise tröpfelt der durch den Filter oder er kommt im French-Press-Kännchen daher. Dazu ein ofenfrisches Croissant mit leckerer Marmelade – und der Tag kann nur gut werden. Für den kleinen Hunger am Mittag gibt es herzhaft belegte Fladenbrote. Und dann diese Kuchen! Statt der ursprünglich geplanten zwei, die es täglich geben sollte, hat Inhaberin Sophie bis zu sechs verschiedene süße Backwerke parat. Soll es ein saftiger Stracciatella-Kirsch-, Mohn- oder gar ein Schoko-Kuchen mit Preiselbeerfüllung sein? Süßschnäbel haben die Qual der Wahl.

Mit der untergehenden Sonne verwandelt sich das Café und Bistro zweimal in der Woche in eine chillige Bar. Mit einem gepflegten Gin Basil Smash (Cocktail aus Gin und Basilikum) in der Hand lässt es sich entspannt in die Nacht hinübergleiten.

„Von ursprünglich zwei Kuchen haben wir das Angebot auf bis zu sechs Sorten erweitert."

So erreichen Sie uns

Öffnungszeiten Montag, Dienstag, Donnerstag 9–19 Uhr
Mittwoch, Freitag 9–23 Uhr, Samstag 10–19 Uhr
Sonntag geschlossen

Adresse Nikolaistraße 8, 37073 Göttingen

Telefon 0551/29125932

Facebook BirdsBistro

Fotos: David Elgnowski (2), privat (3)

Fotos: Fräulein Wunder

Herzlichst umsorgt im Fräulein Wunder

Wie sieht ein Lieblingscafé aus? Und welches Angebot sollte es dort geben? Linda überlegte und eröffnete einfach selbst eines

Ein Café gestalten, ganz so, wie man es sich selbst wünscht, davon hatte Linda Grimm schon lange geträumt. Eines Tages machte sie sich dann einfach mal an die Arbeit und notierte alles, was ihr so in den Sinn kam.

Im Juni 2013 eröffnete sie das „Fräulein Wunder". Seit dem verwöhnt Linda ihre Gäste in einer unkomplizierten Einrichtung aus Omas Ohrensessel, Schaukelstuhl, Hockern sowie bunt zusammengewürfelten Stühlen und Tischen. Dank eines großen Wintergartens, dessen Türen sich komplett öffnen lassen, verschmelzen im Sommer Innen- und Außenbereich des Cafés miteinander.

Da das Frühstück den Ruf als wichtigste Mahlzeit des Tages hat, spezialisierte sich die Inhaberin darauf. Ob Spiegeleier in Herzform, Müsli, Crêpes, Pancakes oder Konfitüren – alles ist selbst gemacht. Sogar die Brötchen, Bagels und Scones kommen aus der hauseigenen Backstube.

Linda liebt es bodenständig und ohne Schickimicki, denn sie ist davon überzeugt, dass gute Zutaten und viel Liebe zum Essen die beste Mahlzeit ergeben. Deshalb lautet ihr Motto „Essen wie bei Muttern". Dazu hat sie sich eine echte Expertin ins Boot bzw. in die Küche geholt – ihre liebe Mutter.

„Für jeden ist etwas dabei. Ob für den kleinen oder großen Hunger, vegetarisch, vegan oder glutenfrei."

So erreichen Sie uns

Öffnungszeiten Täglich 9–14 Uhr, Frühstück 9–13 Uhr
Eiergerichte und Süßes 9–13.30 Uhr, kleiner Mittagstisch 12–13.30 Uhr

Adresse Ratsbleiche 1, 38114 Braunschweig

Telefon 0531/61733563

E-Mail kontakt@cafe-fraeuleinwunder.de

Online www.cafe-fraeuleinwunder.de

Secondhand-Outfits und polnische Waffeln by Netta

Mal ist es die leckere Torte, ein anderes Mal ein tolles Vintage-Stück: Gründe, um bei Aneta vorbeizuschauen, gibt es immer

Der Traum von etwas Eigenem schlummerte schon lange im Kopf von Aneta Vogler. Doch eigentlich fühlte sie sich mit ihren drei Kindern ausgelastet. Als ihr dann eine Freundin von dem freien Ladengeschäft im malerischen Michaelisviertel erzählte, ging jedoch alles ziemlich schnell. Aneta sah die Räumlichkeiten, bekam Gänsehaut und Tränen in die Augen – und da wusste sie: Das ist es!

„Dieser Hauch von Vintage und französischem Flair mitten in Braunschweig überzeugte mich sofort“, erzählt sie. Ideen hatte sie ganz viele im Kopf. Geblieben ist dann die von einem kleinen Café inklusive Secondhand-Shop. Die gebürtige Polin liebt es, Gäste zu bewirten. Wenn sie dann sieht, dass es ihnen schmeckt, ist sie rundum glücklich. Außerdem möchte sie zeigen, dass es nicht viel Geld braucht, um sich toll zu stylen. „Secondhand hat etwas von Schatzsuche und soll meine Kunden zum Nachdenken anregen“, erzählt sie.

Besonders anregend finden diese auch Anetas Waffeln nach polnischem Geheimrezept. Große Fangemeinden haben zudem der Schokoladen- und der Käsekuchen. Wer reserviert, bekommt auch ein Frühstück serviert. Und jeden Mittwoch ist Suppentag. Lecker!

„Ich biete euch gebrauchte Markenbekleidung sowie einige kulinarische Kleinigkeiten aus eigener Herstellung.“

So erreichen Sie uns

Öffnungszeiten Dienstag und Donnerstag 14.30–18 Uhr
Mittwoch und Freitag 10–18 Uhr, Samstag 10–16 Uhr
Sonntag und Montag geschlossen

Adresse Prinzenweg 5, 38100 Braunschweig

Telefon 01 76 57 60 06 28

E-Mail mail@by-netta.de **Online** www.by-netta.de

Foto: privat

Braunschweig

Erna & Käthe
Hausgemachtes für Naschkatzen

Wer köstliche Rezepte aus aller Welt vor der Haustür genießen will, trifft sich mittags bei Erna und Käthe. Suppen, Quiches und Hummus-Variationen werden hier in geselliger Atmosphäre verspeist. Tipp: Käthes Kultcurrywurst. Es gibt sie auch vegan! Und Süßliebhaber? Lassen sich zum regional gerösteten Bio-Fair-Trade-Kaffee leckere Kuchen ganz frisch aus der Backstube schmecken – natürlich hausgemacht!

So erreichen Sie uns

Öffnungszeiten
Mo.–So. 10–18 Uhr
Adresse Kastanienallee 39, 38104 Braunschweig
Telefon 05 31/20 89 49 12
E-Mail hausgemacht@ernaundkaethe.de
Online www.ernaundkaethe.de

Lüneburg

Café Zeitgeist
Süße Sünden & Frühstück den ganzen Tag

In der malerischen Heiligengeiststraße wartet ein wahrer Café-Schatz: Der Kaffee, gebrüht mit edler Siebträgertechnik, stammt aus einer ausgezeichneten Rösterei. Langschläfer genießen das Frühstück auch nachmittags, und die Hauskonditorin verwöhnt die Gäste mit himmlischen Kuchen und Torten. Besonders beliebt sind die cremigen „Quarkgeister®" – leicht, fruchtig und mit vielen Toppings.

So erreichen Sie uns

Öffnungszeiten
Di.–Sa. 8.30–18 Uhr
So. 10–18 Uhr
Adresse Heiligengeiststraße 36, 21335 Lüneburg
Telefon 0 41 31/40 24 56
E-Mail info@cafe-zeitgeist.de
Online https://cafe-zeitgeist.de

Fotos: Erna & Käthe; Café Zeitgeist

Cafés tief im Westen in Nordrhein-Westfalen

Im bevölkerungsreichsten Land der BRD, „wo die Sonne verstaubt, ist es besser, viel besser, als man glaubt!“ Das kann man bei Frühstück, Kuchen & Kaffee immer wieder neu erleben

Foto: Isabella Patisserie

Wohnzimmerkonzerte und mehr im Café Livres

Schmökern, schmausen und schwelgen: Wer Literatur und Genuss liebt, findet hier die perfekte Mischung

„Hier gibt es Bücher in Hülle und Fülle zum Lesen, Entdecken, Mitnehmen und Wiederbringen."

LIVRES ['li:vre]: Bücher, die. So lautet die Übersetzung des Wörterbuchs, und das atmosphärische Café gleichen Namens im Essener Szene-Bezirk Moltkeviertel hält, was es verspricht. Bücher in Hülle und Fülle warten in jeder Ecke. Sie dürfen überflogen, mitgenommen, wiedergebracht und getauscht werden. Und dienen als tolle Kulisse für himmlische Sünden …

Hüftgoldhimmel wird die üppige Kuchentheke verheißungsvoll genannt – und so viel sei verraten: Die unwiderstehlichen Tortenträume und verführerischen Tarte-Variationen mit frischen Früchten, Cremes, Sahne und Schoki sind jede einzelne Kalorie wert!

Saisonale Tagesgerichte, Frühstück und Leckereien wie Quiche und Suppe sorgen dafür, dass sich die Mittagsverabredung flugs bis zum Five o'Clock Tea ausdehnt. Apropos Tee: In der Tasse landen faire Bio-Ware und regionale Mischungen von „Amélies Tee-Ecke", für den Kaffee wird jede Bohne aus der Kettwiger Rösterei frisch gemahlen.

Kulturveranstaltungen wie etwa Livekonzerte und Literarisches – Lesungen, Buchvorstellungen sowie Poetry-Slams – machen das „LIVRES" zu einem wunderbaren Wohnzimmer. Ohne Fernseher, dafür mit perfektem Verwöhnprogramm (und freiem WLAN!).

So erreichen Sie uns

Öffnungszeiten Dienstag, Mittwoch, Donnerstag 9–21 Uhr
Freitag 9–22 Uhr, Samstag 10–22 Uhr
Sonntag 10–20 Uhr, Montag Ruhetag

Adresse Moltkestraße 2A, 45128 Essen

Telefon 02 01/64 93 67 74 **E-Mail** info@cafe-livres.de

Online www.cafe-livres.de **Facebook** Café LIVRES

Foto: Ulrike Schacht für „Sugar Girls"/Callwey-Verlag

Fotos: Denise Renée/foodlovin.de; Isabella Patisserie

Wie es der Name verspricht: Isabella Glutenfrei

Dass filigrane Patisserie kein Klebereiweiß braucht, beweist Familie Krätz auf die köstlichste Art und Weise

Glutenunverträglichkeit = nie wieder knusprige Brötchen, feine Törtchen und Petits Fours? Diese Zeiten sind dank Isabella Krätz, selbst an Zöliakie erkrankt, vorbei. Als sie nach ihrer Diagnose auf das karge Angebot glutenfreier Café-Backwaren stieß, verwirklichte sie kurzerhand ihren Traum und eröffnete 2015 die nach ihr benannte Patisserie und Bäckerei.

Gesund und Genuss ist kein Widerspruch, sondern eine Herzensangelegenheit, der sich die Hausherrin, unterstützt durch ihre Familie, seitdem erfolgreich widmet. Im Café in Oberkassel lässt es sich in urbanem Interieur entspannen und mit gutem Gewissen schlemmen.

„Hier erwarten euch glutenfreie Leckereien in holländisch-urbanem Interieur."

Laktosefreie und vegane Leckereien runden perfekt das verführerische „Isabella"-Angebot ab, das es im To-go-Store in der Düsseldorfer Kö-Galerie auch für den spontanen Gaumenschmaus unterwegs gibt. Außerdem versüßt Isabella Hamburg (Stephansplatz) und auch die Aachener Altstadt (Münsterplatz).

Wer's eher herzhaft liebt, lässt sich stattdessen Focaccia, Quiches und Sandwiches auf der Zunge zergehen – und genascht wird dann einfach zu Hause mit einem Gläschen hausgemachter Marmelade oder den original sizilianischen Fiori di Mandorla. Mmh …

So erreichen Sie uns

Öffnungszeiten Dienstag–Samstag 9.30–18 Uhr
Sonntag 10–18 Uhr, Montag geschlossen
Adresse Arnulfstraße 4, 40545 Düsseldorf
Telefon 02 11 / 95 59 94 14
E-Mail glutenfrei@isabella-patisserie.de **Online** www.isabella-patisserie.de
Facebook Isabella Glutenfreie Pâtisserie

miss päpki: romantisch, verspielt, einfach schön!

Mitten in Kölle, im vielleicht charmantesten Veedel, bezaubert uns Fräulein Papkes zuckersüße Erholungsoase

Es ist eng und kuschelig im Café, die wenigen Tische meist besetzt – kein Wunder, denn die kulinarischen Kreationen, mit denen Claudia Papke Besucher verwöhnt, sind der Wahnsinn! „Ausgezeichnet", „sensationell gut", „entzückend" und „köstlich": So klingt es, wenn Gäste zu Fans werden und ihrer Begeisterung auf Facebook freien Lauf lassen.

„Weiß lackierte Flohmarkt-Möbel, viele verspielte Accessoires und eine Vitrine voller Kaffeetassen."

Augen- und Gaumenschmaus sind das opulente Frühstück, die handgemachten Kuchen, das Eis von Italiener Toni und der Zitronen-Couscous. Jeder, dem jetzt das Wasser im Munde zusammenläuft, sei gewarnt: Alle Gerichte enthalten Spuren von Liebe!

Kaffeespezialitäten aus den Bohnen von Kölns ältester Rösterei Schamong werden gern mit laktosefreier oder Sojamilch gezaubert. Und immer steht ein glutenfreier Kuchen bereit – oder auch zwei oder drei. Serviert wird all das auf schnuckeligem Porzellan in einem Ambiente, das als (kalorienfreies) Extra-Sahnehäubchen fungiert.

Ein bisschen Päpki-Flair für zu Hause gibt's in Form von Sammeltassen und Co. zu kaufen. Tipp: Nehmen Sie dazu ein Päckchen Kaffee von „miss päpki" mit. Oder kommen Sie doch einfach morgen wieder – auf ein Törtchen in dieses zauberhafte Kleinod!

So erreichen Sie uns

Öffnungszeiten Montag, Mittwoch–Freitag 9.30–19 Uhr
Samstag, Sonntag, Feiertage 10.30–19 Uhr, Dienstag geschlossen
Adresse Brüsseler Platz 18, 50674 Köln
Telefon 02 21/16 83 49 71
E-Mail besucherpost@miss-paepki.de
Online www.miss-päpki.de **Facebook** miss päpki

Foto: Lidia Semenjuk/www.pardonme.de

Fotos: Sebastian Fieback/fieback-medien.de

Essen, trinken, naschen im Cupcake-Café Barbarella

Lust auf Süßes? Mitten in Aachen, in Marktplatznähe, finden Sie alles, was das Genießerherz begehrt…

Der Hektik des Alltags entfliehen und sich rundum kulinarisch verwöhnen lassen: Wenn Ihnen danach der Sinn steht, ist eine Auszeit im „Café Barbarella" genau das Richtige. Zuckersüß eingerichtet, bietet es den perfekten Rahmen für himmlische Cupcake-Träume – und ein kreatives Kontrastprogramm zu herzhaften Häppchen.

„Wen in der Kaiserstadt die Lust auf Süßes packt, ist hier genau richtig."

Platz genommen auf einem der fast 100 bunt zusammengewürfelten Stühle, stellt sich die Frage: Was bestelle ich? Mindestens einen Cupcake zu vernaschen ist hier natürlich fast süße Pflicht. Aber was dann? Als Start in den Tag bietet sich das Barbarella-de-luxe-Frühstück an. Mit Spinat-Rührei oder auf Wunsch veganen Pancakes werden auch besondere Vorlieben bedient. Zu lang geschlafen? Macht überhaupt nichts: Die Mittagskarte mit Flammkuchen, hausgemachten Burgern, knackigen Salaten und variierenden Suppen bietet jede Menge köstlicher Alternativen.

Für alle, die von den Leckereien nicht genug bekommen, ein Tipp: Das Team kümmert sich auch gern um das Catering Ihres Events. Und bis dahin probieren Sie sich von Mittwoch bis Montag durch die Speisekarte. Dienstags ist zu – die „Barbarella" braucht schließlich ihren Schönheitsschlaf…

So erreichen Sie uns

Öffnungszeiten Montag–Sonntag 10–19.30 Uhr
Dienstag geschlossen
Private Veranstaltungen jederzeit auf Anfrage
Adresse Pontstraße 40–42, 52062 Aachen
Telefon 02 41/16 02 07 89 **E-Mail** hello@barbarella-cafe.com
Online www.barbarella-cafe.de **Facebook** Barbarella Café

Betüddeln und verwöhnen lassen bei Oma Rosa

Wer das Leben gerne feiert und sein Essen am liebsten ganz natürlich genießt, ist hier in den allerbesten Händen

„Appetit holen könnt ihr Euch woanders, gegessen wird bei Oma."

Hach, wer denkt nicht von Zeit zu Zeit sehnsuchtsvoll an die Kindheit zurück, in der man von der Lieblingsoma betüddelt und mit allerlei selbst gemachten Leckereien verwöhnt wurde? So ist es auch Melly Wentzel-Terrahe ergangen, als sie vor ein paar Jahren einen Schlussstrich unter ihre Jobkarriere als Geschäftsführerin einer Werbeagentur gezogen hat. Ab sofort wollte sie stattdessen Gäste umsorgen, ganz so, wie sie es bei ihrer Oma Rosa erlebt hatte.

Im Februar 2017 war es dann so weit. Melly öffnete in Dortmunds Klinikviertel zum ersten Mal die Tür zu ihrem gemütlichen Café. Und die Resonanz war überwältigend. Die Philosophie, so viel wie möglich von den Leckereien selbst zu kochen und zu backen, kam bei den Gästen prima an. Da Melly die Inhaltsstoffe ihrer Köstlichkeiten ganz genau kennt, ist „Oma Rosa" speziell auch für Menschen mit Allergien und Unverträglichkeiten eine Oase der Entspannung.

Wer sich Omas „aufgeweckte" Küche privat zu Hause schmecken lassen möchte, für den bietet Melly einen Catering Service. Ob Süppchen, Salat, Mini-Rouladen oder Süßspeisen – in dekorative Weck-Gläschen verpackt, kommen die Leckereien direkt ins Haus. Außerdem kann das Café für Feierlichkeiten gemietet werden.

So erreichen Sie uns

Öffnungszeiten Dienstag–Sonntag 10–18 Uhr,
Montag Ruhetag

Adresse Chemnitzer Str. 9, 44139 Dortmund

Telefon 02 31/22 38 87 88

E-Mail post@omarosa.de

Online www.omarosa.de **Facebook** OmaRosa Café Dortmund

Fotos: Oma Rosa

Fotos: Thomas Banneyer

Kaffee & Design bei Frau Nora & Herrn Max

Hier gibt's nicht nur Kaffeespezialitäten, Kuchen und Quiches, sondern auch hochwertige skandinavische Wohn-Accessoires

Mitten im Herzen der Kölner Südstadt lockt eine Location, die die Herzen von Kaffeefans, Fashionistas und Liebhabern des angesagten Skandi-Wohnstils gleichzeitig höherschlagen lässt: das zauberhafte Refugium von Nora und Max Bassiner. Bestellt haben es die beiden beim Universum – sagen sie zumindest. Und feine Kuchen und Quiches gibt's dort natürlich auch …

Seligkeitsdinge ohne Ende finden sich in dem liebevoll ausgestatteten Café. Und gut, dass das Glas mit Latte macchiato oder einer der vielen anderen aromatischen, fair gehandelten Kaffeespezialitäten so lecker und damit schnell geleert ist. Denn damit bleibt noch Zeit, um alle Schätze – ausgefallene Mode-Highlights, originelle Accessoires und Wohndeko großteils skandinavischer Herkunft – mit Muße zu durchstöbern.

„Willkommen in schönem Ambiente mit tollen Gästen!“

Wer etwas Besonderes sucht, ob von House Doctor, Ferm Living, Hay oder Stelton, wird hier fündig. Wer nichts sucht, meistens auch, denn bei so viel Schönem fällt das Widerstehen garantiert schwer.

Das Wunderbare: Mit einem Päckchen Genießer-Kaffeebohnen und den bei „Frau Nora und Herrn Max“ erbeuteten Design-Hinguckern wird es zu Hause noch charmanter – und die Zeit bis zur nächsten Stippvisite in der Südstadt so ein wenig kürzer!

So erreichen Sie uns

Öffnungszeiten Montag–Freitag 10–17.30 Uhr
Samstag 10–15 Uhr

Adresse Merowingerstraße 20, 50677 Köln

Telefon 02 21 / 16 85 73 95 **E-Mail** info@fraunoraundherrmax.de

Online www.fraunoraundherrmax.de

Facebook Frau Nora & Herr Max

Café mit beeindruckendem Concept: Momania

In Oberkassel wartet eine wunderbare „Wundertüte" für alle, die sich (und natürlich auch anderen) etwas Feines gönnen

„Das sieht aber toll aus, das würde ich so gerne mitnehmen!" Haben Sie so auch schon des Öfteren bei Café-Besuchen über das Interieur gedacht? Teller, Tisch, Geschirr, bitte einmal einpacken! Dann sollten Sie dem „Momania" in Oberkassel unbedingt einen Besuch abstatten – denn hier ist das (zum Glück!) möglich.

Eben noch haben Sie aus dem Glas einen fruchtigen Smoothie genossen, jetzt wandert es sauber gespült in Ihre Tasche. Alleine bleibt es darin jedoch höchstwahrscheinlich nicht allzu lange – denn bestimmt findet sich das ein oder andere weitere Schätzchen, das auch noch mit muss …

„Hier warten wahre Schätze darauf, gekauft zu werden."

Stöbern erwünscht! Während Sie ein Stück Apfelkuchen genießen, lassen Sie einfach Ihre Blicke schweifen. Es gibt bei jedem Besuch Neues zu entdecken, denn das Team bringt von Streifzügen, z. B. in Belgien, immer wieder besondere „Beute" mit. Nur eines bleibt im „Momania" stets gleich: die erlesene Qualität.

Herz und Kopf des Concept Stores ist Monika Kucia. Sie liebt außer Backen und Trödelmärkten auch das Ausrichten von Events, was viele gelungene Veranstaltungen belegen. Kreieren, Dekorieren, Organisieren – warum sich für ein Hobby entscheiden, wenn man alle zu einer Berufung verbinden kann?

So erreichen Sie uns

Öffnungszeiten Dienstag–Freitag 10–19 Uhr
Samstag und Sonntag 10–18 Uhr, Montag geschlossen
Adresse Drakestraße 2, 40545 Düsseldorf
Telefon 02 11/97 17 12 56 **E-Mail** momania.conceptstore@gmail.com
Online www.momania-conceptstore.de
Facebook Momania sweet & style

Foto: Momania/ www.momania-conceptstore.de

Bückeburg

Mavandus
Zartbitter & zuckersüße Leckereien & Präsente

Zartbitter und zuckersüß geht es seit 2012 in Bückeburg zu, denn Familie Bornemann versorgt im Café „Mavandus“ die Liebhaber himmlischen Gebäcks mit allerfeinstem Gaumenkitzel. Cupcakes und Muffins, so weit das Auge reicht, dazu werden ausgefallene Kaffeekreationen serviert – und ein Tütchen Lakritz aus Schweden verkürzt den Heimweg. Fazit: Naschkatzen kaufen bei „Mavandus“!

So erreichen Sie uns

Öffnungszeiten
Mo.–Sa. 9–18 Uhr
So. 13–18 Uhr
Adresse Lange Str. 67,
31675 Bückeburg
Telefon 0 57 22/54 74 **E-Mail**
rundumsholz@teleos-web.de
Online www.mavandus.de

Düsseldorf

Exquisite Torten und Törtchen im Dolcinella

Süßschnäbeln verschlägt es beim Anblick all der Leckereien schon mal die Sprache. Genau so muss er aussehen, der Naschhimmel: Kuchen, Cannelés, Konfitüren, Pralinen, Torten, Teatime und Kaffee! Bleibt nur die Frage: „Was probiere ich zuerst?“ Kosten Sie sich durch das göttliche Angebot in den einladenden Räumlichkeiten, oder Sie bestellen einen köstlich gefüllten Picknickkorb und lassen sich damit am Rheinufer nieder. Ein Träumchen!

So erreichen Sie uns

Öffnungszeiten
Mo.–Sa. 12–18 Uhr,
So. geschlossen
Adresse Tannenstraße 35,
40476 Düsseldorf
Telefon 02 11/46 85 06 93
E-Mail info@dolcinella.de
Online www.dolcinella.de

Fotos: Mavandus; Dolcinella: Friedhelm Kuche

Kochkurs und vieles mehr im Dessertcafé Nachtisch

Für alle, denen der süße Abschluss nach einem leckeren Essen mindestens genauso wichtig ist wie die Hauptspeise, gibt es in Münster die perfekte Adresse: bei Beate Kreilkamp und Alexander Gieseler in der Kanalstraße. Denn hier werden Zuckerschnuten außer mit wunderbaren Frühstücksangeboten vor allem mit köstlichsten Dessert-Variationen verwöhnt. Mmh… Die kunstvoll kreierten Kalorienbömbchen gibt es für den kleinen Hunger als einzelnen Nachtisch oder – für die große Genießersüßlust – als 3-Gänge-Dessertmenü. Dass die Gastgeber ihr filigranes Handwerk verstehen, lassen ihre vorigen kulinarischen Stationen wie z. B. die „Traube Tonbach“ erkennen: mit Michelin-Sternen und Gault-Millau-Punkten gepflastert. Ihr Wissen um richtig gute Küche geben die beiden auch gern in ihren Kochkursen weiter. Bitte schnell buchen, die Plätze sind ruck, zuck weg!

So erreichen Sie uns

Öffnungszeiten
Di.–So. 9.30–18 Uhr
Mo. und Feiertage geschlossen
Adresse Kanalstraße 30, 48147 Münster
Telefon 02 51 / 13 46 77 39
E-Mail info@nachtisch.ms
Online www.nachtisch.ms

Fotos: Birgit Kallerhof für Dessertcafé Nachtisch

Schöner *Lesestoff*

Garden Girls

Gartenzwerge waren gestern! Die neue Schrebergarten-Generation richtet sich ihre Laube im angesagten Skandi-Style ein, baut Palettensofas, Hochbeete und braut Rosenlimonade. In „Garden Girls“ präsentieren kreative Frauen ihr ganz persönliches grünes Glück und geben hilfreiche Ratschläge. 29,95 €, Callway

Sugar Girls

Der Wunsch vom eigenen Café, wie lässt er sich verwirklichen? In „Sugar Girls“ werden 20 Frauen aus Deutschland, Österreich und der Schweiz vorgestellt, die den Schritt in die Selbstständigkeit gewagt haben. Sie berichten von ihren Erlebnissen, geben Tipps und stellen tolle DIY-Ideen vor. 29,95 €, Callway

Flower Ladies

Online-Pflanzen-Shop, Blumenladen mit Café, Fahrrad-Blumenkurier …
Es gibt so viele dufte Geschäftsideen!
Das Buch „Flower Ladies“ porträtiert inspirierende Business-Frauen, die ihre Leidenschaft für Grünes und Blühendes erfolgreich zum Beruf gemacht haben. 29,95 €, DVA

Shop Girls

Die eigene Chefin im eigenen Laden sein, das wär's! Doch eine Existenzgründung bedeutet nicht nur Zuckerschlecken. Was alles beachtet werden muss, wenn der Traum vom eigenen Geschäft erfolgreich in Erfüllung gehen soll, zeigen 28 beeindruckende Damen im Buch „Shop Girls“. 29,95 €, Callway

Die schönsten Cafés in Rheinland-Pfalz

Die Menschen im Südwesten der Republik verstehen es, das Leben zu feiern. Am liebsten bei gutem Kaffee und einem großen Stück Kuchen oder bei einem Glas Pfälzer Wein

Foto: Steafnie Jung/Best of Mainz

Außergewöhnliches im Annabatterie

Als Architektin entwarf Gesa Bauprojekte am Computer. Heute gestaltet sie mit Leidenschaft Kunstwerke aus Teig und Sahne

Fotos: Annabatterie

„Seit 2017 bin ich Konditormeisterin. Ich habe den besten Abschluss von allen gemacht. Es waren fast 700!“

Gesa Kohlenbach lebt ganz nach dem Pipi-Langstrumpf-Prinzip „Ich mache mir die Welt, wie sie mir gefällt“. Gefällt ihr etwas nicht (mehr), dann ändert sie es. So einfach ist das!

„Wenn ich für etwas brenne, dann bin ich darin richtig, richtig gut“, erzählt die 35-Jährige. Als die diplomierte Architektin vor einigen Jahren jedoch spürte, dass sie ihren Beruf mit gerade mal noch 85-prozentiger Leidenschaft ausübte, musste eine Lösung her. Gesa ging nach Australien, entdeckte die dortige Café-Szene, und schnell wusste sie, was sie wollte. Zurück in der Heimat Mainz, ging es an die Umsetzung. Aus Gesas Sehnsucht wurde das „Café Annabatterie“.

Doch woher der ungewöhnliche Name? „Meine Mutter hat mich darauf gebracht. Sie verbrachte ihren Urlaub in Tirol und besuchte eine Burg, auf der früher die Herzogin Anna lebte. Deren Kräutergarten trug den Namen Annabatterie. Und den fand ich auch für mein Café passend,“ erzählt sie.

Gesas Plan ging auf, ihr Konzept von hausgemachtem Süßkram, serviert im charmanten Flohmarktambiente, begeisterte die Mainzer auf Anhieb. Doch Gesa wäre nicht Gesa, wenn sie nicht immer noch eins draufsetzen würde.

So legte sie 2017 die Meisterprüfung zur Konditorin ab. Ihr Meisterstück war so gut, dass sie dafür ausgezeichnet wurde – als Beste von fast 700! Seitdem bietet Gesa Kohlenbach auch Hochzeitstorten an. Die kunstvollen Sahnebauten im Vintage-Look sind nämlich ihre ganz große Leidenschaft.

Wer Gesa treffen möchte und nicht vorhat, demnächst vor den Traualter zu treten, besucht sie einfach in ihrem Café am Gartenfeldplatz. Gemütlich in einen der bunten Sessel gelümmelt, vernascht man bei Kaffee, Tee, Chai oder Kakao einen der megaleckeren Kuchen. Und wenn dieser genüsslich auf der Zunge zergeht, kann jeder Gast ganz deutlich wahrnehmen: Gesa ist zu hundert Prozent angekommen!

So erreichen Sie uns

Öffnungszeiten Montag–Sonntag 10–19 Uhr
Kein Ruhetag
Adresse Gartenfeldplatz 2, 55118 Mainz
E-Mail info@annabatterie.de
Tortenbestellungen torten@annabatterie.de
Online www.annabatterie.de **Facebook** Annabatterie

Fotos: Annabatterie

Fotos: Corinna Könner, datenraum.de

Mode, Kunst und Kaffee im Calla Beatrice

Shoppen, schauen, schlemmen – in der vielseitigen Boutique von Beatrix Weber wird der Appetit auf Schönes gestillt

Warum sich nur mit einer reizvollen Sache befassen, wenn das Leben so viel Schönes zu bieten hat? Das dachte sich wohl auch Beatrix Weber, als sie vor zehn Jahren in der Biergasse von Bad Breisig eine Modeboutique eröffnet hatte und gerade mal zwei Jahre darauf, direkt auf der gegenüberliegenden Straßenseite ihres Ladens, das Café „Gute Laune“. Als sich im Sommer 2014 die Möglichkeit ergab, beides unter ein Dach zu packen, nutzte sie die Gelegenheit und eröffnete „Calla Beatrice“.

Nur einen Steinwurf von der Rheinpromenade entfernt lädt ihr Mode- und Kunst-Café zum Shoppen, Schauen und Schlemmen ein. Während die Damen in aller Ruhe stöbern und Blusen, T-Shirts, Pullover oder auch ausgesuchten Schmuck in aller Ruhe anprobieren, können die männlichen Begleiter in bequemen Korbstühlen Platz nehmen, bei einem Kaffee verweilen und sich ein Stück selbst gebackene Kirsch- oder Zitronen-Joghurt-Torte schmecken lassen.

Kunstfreunde haben zudem die Möglichkeit, die ausgestellten Bilder zu betrachten – und bei Gefallen zu erwerben. An sonnigen Tagen wird auch im Freien vor dem Fachwerkhaus serviert. Ein leckeres Frühstück gibt es auf Vorbestellung.

„Stöbern und anprobieren, Kaffee mit selbst gebackenem Kuchen genießen und Kunst betrachten – bei uns ist alles möglich.“

So erreichen Sie uns

Öffnungszeiten Mittwoch, Donnerstag und Freitag 11–18 Uhr
Samstag und Sonntag 10–18 Uhr, Montag und Dienstag geschlossen
Adresse Biergasse 18, 53498 Bad Breisig
Telefon 02633/4755776
facebook www.facebook.com/Mode-und-Kunstcafe-Calla-Beatrice-994864447228288/

Vintage-Feeling im Dicke Lilli, gutes Kind

„Null Ahnung von nix" hatten Mutter und Tochter vor dem Start ihres Cafés. Doch wo ein Wille, da auch ein erfolgreicher Weg!

Vera Kohl und Mutter Dolores „haben nicht mehr alle Tassen im Schrank." Und das ist auch gut so! Denn sonst gäbe es in ihrem gemütlichen Mainzer Eck-Café „Dicke Lilli, gutes Kind" einen schmucken Hingucker weniger. Stattdessen fügt sich das Sammeltassen-Kunstwerk „made by Dolores" nahtlos in die bunt zusammengewürfelte Einrichtung – und unterstreicht gleichzeitig Veras Credo: Hauptsache, alles selbst gemacht!

Zu gern lässt man sich hier nieder, genießt Kaffee und Kuchen sowie das frisch zubereitete Frühstück. Das Angebot ist nicht zu hundert Prozent bio, dafür wird regional eingekauft. Etwas Veganes ist ebenfalls immer auf der Speisekarte zu finden.

„Die Seele baumeln und den Blick über die wuselige Gaustraße schweifen lassen, einfach super!"

Gastronomische Erfahrungen hatte das Mutter-Tochter-Duo vor Eröffnung ihres Cafés Ende 2012 keine vorzuweisen. Dafür jede Menge Kreativität, denn Dolores ist Künstlerin und Vera arbeitete früher beim Fernsehen.

Ob Kuchen, Suppen, Pancakes, Salate mit Grillgemüse oder fruchtige Limos – der Anspruch, alles selbst herzustellen, stand für die beiden von Anfang an im Mittelpunkt. Und das ist bis heute so geblieben. Genau wie das Sammeltassen-Kunstwerk gehört die Philosophie längst zum Markenzeichen des Cafés.

So erreichen Sie uns

Öffnungszeiten Montag–Freitag 9–19 Uhr, Samstag und Sonntag 10–19 Uhr, Reservierungen ab 4 Personen

Adresse Gaustraße/Ecke Breidenbacherstraße 9, 55116 Mainz

E-Mail hello@dickelilliguteskind.de

Online www.dickelilliguteskind.de

Facebook @dickelilliguteskind

Fotos: Elisa Biscotti, © Stefanie Jung|Best of Mainz (1), Dicke Lilli, gutes Kind

Bukafski Buchcafé
Friedrichshainer Flair am Gartenfeldplatz

Lust auf abwechslungsreiche Lektüre inmitten von köstlichem Kaffeeduft? Dann sind Sie bei Matthias Dölger im „Bukafski“, Buchhandlung und Café in einem, genau richtig! Ob Sie gemütlich schmökern, mit Freunden einen Espresso trinken oder auch ein leckeres Stückchen Kuchen essen wollen – in uriger Atmosphäre lässt es sich wunderbar abschalten und genießen. Großen Anklang findet außerdem der Kinder- und Jugendbuchbereich.

So erreichen Sie uns

Öffnungszeiten
Mo.–Fr. 9.30–19 Uhr
Sa. 9.30–18 Uhr
Adresse Kurfürstenstraße 9, 55118 Mainz
Telefon 0 61 31/8 84 56 93
E-Mail info@bukafski.de
Online www.bukafski.de

Mainz

Ein Stück Dänemark mitten in Mainz
Café Hygge

Hygge – für Marie Helmstetter ist der dänische Ausdruck, der so viel wie Behaglichkeit bedeutet, der absolut perfekte Name für ihr Café in der Mainzer Neustadt. Große Fenster, weiße und mintfarbene Möbel, helles Holz sowie skandinavische Deko-Stücke sorgen für reichlich Gemütlichkeit. Und egal ob Frühstück, Mittagessen oder Kuchen, es versteht sich von selbst, dass im „Hygge“ alles frisch zubereitet wird.

So erreichen Sie uns

Öffnungszeiten
Di.–So. 10–19 Uhr
Adresse Rhabanusstraße 13, 55118 Mainz
Reservierungen via Mail
E-Mail hygge-mainz@web.de
Facebook www.facebook.com/hyggeinmainz/

Fotos: Café Bukafski, Café Hygge: Yvonne Homann/Mohntage.com

Duft von Kaffee und hübsche Accessoires in Blums Café

Hier möchte ich einziehen!" Solche Sätze hört Michaela Blum vom „Blums Café" immer wieder. Verständlich! Jeder Stuhl, jeder Tisch in dem denkmalgeschützten Gebäude ist ein Einzelstück mit eigener Geschichte. Alle Kuchen, Marmeladen und Suppen sind hausgemacht. Und wer möchte, geht eine Etage höher in den „Laden", wo man Deko, Porzellan, Seifen und noch mehr schöne Stücke erstehen kann.

So erreichen Sie uns

Öffnungszeiten
Café: Mo.–Sa. 9–18 Uhr
So./Feiertag 10–18 Uhr, Laden:
Mo.–Fr. 10–13/15–18, Sa. 9–13 Uhr
Adresse Pariser Straße 127,
55268 Nieder-Olm
Telefon 0 61 36/9 26 09 65
Online www.blumscafe.de

Café Susann
Hier mag man es am liebsten ganz natürlich

Erdbeeren im Winter? Nein, das passt ganz und gar nicht zum Konzept von Maike Susann Gemba. Auf der Speisekarte ihres Cafés finden sich neben Kaffee aus regional gerösteten Bohnen deshalb hauptsächlich Zutaten, die Felder und Wiesen in der Pfalz gerade hergeben. Die Inhaberin liebt es natürlich. Und das spiegelt sich beim Essen genauso wie in der Einrichtung der gemütlichen Räumlichkeiten wider.

So erreichen Sie uns

Öffnungszeiten
Di.–Sa. 10–18 Uhr
Oktober–April So. 11–17 Uhr
Adresse Osterstraße 7,
67655 Kaiserslautern
Telefon 0631/84286771
E-Mail impressum@cafesusann.de
Online www.cafesusann.de

Fotos: Blums Café; Café Susann

Deidesheim

WeinCafé KostBar
Charmantes Ambiente und viel Genuss

Ob vormittags zum Frühstück mit der Familie, in der Mittagspause mit den Kollegen oder am Nachmittag mit der besten Freundin zum Kaffee – das „WeinCafé KostBar“ im historischen Deidesheim ist zu jeder Tageszeit ein beliebter Treffpunkt für „kostbare“ Momente. Neben allerlei süßen und herzhaften Speisen und besten Kaffeespezialitäten gibt es erlesene Weine von ortsansässigen namhaften Winzern.

So erreichen Sie uns

Öffnungszeiten
Mo.–So. 9.30–18 Uhr
Mi. 9.30–14 Uhr
Do. geschlossen

Adresse Weinstraße 58, 67146 Deidesheim

Telefon 0 63 26/2 48 02 44

Online www.weincafe-kostbar.de

Landau

Mehr als Kaffee & Eis zum Glücklichsein
Suppe mag Brot

Ein Ambiente zum Verlieben, nette Gastgeber und ein tolles Team: „Suppe mag Brot“ ist Landaus erste Suppenbar. Hier, in einem urgemütlichen alten Haus mit großen Fenstern, kann man neben leckeren Suppen, Salaten, Snacks, Kuchen und Co. aus regionalen und saisonalen Produkten auch ein schönes kulturelles Angebot genießen: Es finden regelmäßig Konzerte, Ausstellungen und Lesungen statt.

So erreichen Sie uns

Öffnungszeiten
Mo.–Fr. 11–22 Uhr, Sa. 11–18 Uhr
Sonntag geschlossen

Adresse Friedrich-Ebert-Str. 15, 76829 Landau

Telefon 0 63 41/2 68 45 71

Mail koestlich@suppemagbrot.de

Online www.suppemagbrot.de

Fotos: Weincafé Kostbar; Suppe mag Brot: Rebekka Weiland

Ein Café-Bummel durch das Saarland

„Mir wisse, was gudd iss“, sagen die Saarländer. Klar, wer so nah an Leckerschmeckerland Frankreich wohnt, ist verwöhnt. Individualität und Ideenreichtum sind also gefragt …

Foto: Café Plaisir

Süße Entschleunigung im Café Amelie

Hinter türkis gestrichenen Fensterläden wartet auf Naschkatzen und Flohmarkt-Liebhaber ein Ort der großen Freude

Fotos: Ulrike Schacht für „Sugar Girls“/Callwey-Verlag

„Alle Gäste kommen noch lieber zu uns, seit es das Sonntags-Frühstücks-Büffet gibt"

Jasmin Kurka hatte schon immer die Idee von einem eigenen Café im Kopf. Doch erst nach einigen Berufsjahren in Frankfurt nahm das Projekt Form an. Die Veranstaltungskauffrau zog es zurück nach Hause, und sie beschloss: Ich probiere das jetzt! Als sie im Sommer 2014 ein hübsches Jahrhundertwende-Haus in Saarlouis anschaute, hat es bei ihr sofort klick gemacht. Jasmin hatte die perfekten Räumlichkeiten für ihr Café gefunden.

Einziger Haken: Für sie allein war die Immobilie definitiv zu groß. Also wurde kurzerhand Freundin und Fotografin Silke Brünett gefragt, die spontan die Idee hatte, in der oberen Etage ihr Fotostudio einzurichten.

Fünf Monate lang wurde dann in Eigenregie renoviert, klapperten die Freundinnen unzählige Flohmärkte ab auf der Suche nach den perfekten Möbeln. Anfang 2015 konnte Jasmin schließlich ihr charmantes Paradies „Amelie Café & Dekoration" mit dem unkonventionellen Wohnzimmer-Café-Charakter eröffnen.

Das Konzept von hausgemachten süßen Köstlichkeiten, serviert im heimeligen Flohmarkt-Ambiente, ging auf. Und seit Jasmin sonntags ein Frühstücksbuffet anbietet, kann sie sich vor Reservierungen kaum retten. Fast jede zweite Frau fragt bei einem Besuch, ob sie hier einziehen dürfe. Ein größeres Kompliment kann es kaum geben.

So erreichen Sie uns

Öffnungszeiten Mittwoch und Donnerstag 14–18 Uhr
Freitag–Sonntag 10–18 Uhr. Montag, Dienstag und feiertags geschlossen

Adresse Luxemburger Ring 1, 66740 Saarlouis

Telefon 06831/1669770

facebook https://www.facebook.com/amelie.cafe.dekoration/

Online www.amelie-saarlouis.de

Fotos: Ulrike Schacht für „Sugar Girls“/Callwey Verlag (oben); Silke Brünnet Fotografie/rina-bambina.de (unten)

Fotos: cafe-zuckerundzimt.de

Saarland

In diesem Café spielt die Musik: Zucker und Zimt

Hausgemachte Kuchen und arabische Leckerbissen. Draußen eine Dornröschen-Terrasse und drinnen eine Konzertbühne

Wenn der Sommer doch nur ewig dauern könnte, denkt man unweigerlich, wenn man auf der idyllischen Terrasse des „Zucker und Zimt" sitzt. Röschen und Duftkräuter wuchern bis an die Bistro-Tische, die Bienen summen, und es herrscht eine unglaublich entspannte Atmosphäre.

Gemeinsam wollten sie etwas schaffen, erzählen die Inhaber Ruth und Girgis Harfi, die sich einst beim Studium in China kennen und lieben gelernt hatten. Herausgekommen ist diese kleine Oase am südöstlichen Rand von Saarbrücken. 2008 eröffnet, hat das Café schnell eine große Fangemeinde gefunden.

„Auch wir kochen nur mit Wasser. Aber wir verwandeln es in exzellenten Espresso oder wohltuenden Tee."

Während es die einen vor allem wegen des guten Kaffees sowie der Kuchenklassiker Riesling-Apfel mit Schmand, Käsekuchen oder Schoko-Torte hierher zieht, schwören die anderen auf die arabischen Spezialitäten Falafel, Auberginenmus, Tajine, Couscous und würzige Merguez-Würstchen, die ab 18 Uhr aufgetischt werden.

Ein Geheimtipp sind außerdem die Konzerte. Mittlerweile stehen fast jeden Donnerstag Musiker verschiedenster Genres auf der kleinen Bühne. Bei arabischen Leckerbissen und ausgesuchten Bio-Weinen Livemusik zu genießen, das hat schon eine ganz spezielle Note.

So erreichen Sie uns

Öffnungszeiten Donnerstag, Freitag und Samstag 15–22 Uhr
Sonntag 13–18 Uhr, Sonderöffnungszeiten nach Absprache
Adresse Brühlstraße 31, 66119 Saarbrücken
Telefon 0681/9850247
E-Mail info@cafe-zuckerundzimt.de
Online www.cafe-zuckerundzimt.de

Saarbrücken

Frühstücksbuffet à la Saarvoir-Vivre Cafe-Bar Celona

Ob bei Regen oder Sonnenschein, das „Cafe & Bar Celona“ an der neu gestalteten Saarpromenade vermittelt bei jeder Wetterlage Urlaubsgefühle. Für noch mehr gute Laune sorgt das reichhaltige Frühstücksbuffet, das am Wochenende und an Feiertagen um eine heiße Theke ergänzt wird. Dann gibt es u. a. frisch gebackene Waffeln.

So erreichen Sie uns

Öffnungszeiten
So.–Do. 9–24, Fr./Sa. 9–2 Uhr
Frühstück: Mo.–Fr. 9–12 Uhr
Großes Schlemmerbuffet:
Sa., So., Feiertage 9–14 Uhr
Adresse Berliner Promenade 5,
66111 Saarbrücken
Telefon 0681/93866523
saarbruecken@cafe-bar-celona.de
Online www.celona.de

Riegelsberg

Café Nostalgie Liebe zu Kaffee und schönem Ambiente

Nicht viele können von sich behaupten, die Kaffeebauern, von denen die Bohnen bezogen werden, persönlich zu kennen. Marian Cafuta kann es! Dafür war er viel in Süd- und Mittelamerika unterwegs. Doch nicht nur die Kaffeequalität ist im „Café Nostalgie“ erste Sahne. Werden Kuchen und das sonntägliche Frühstück in dem bezaubernden Bauernhaus serviert, fühlt man sich wie im siebten Café-Himmel.

So erreichen Sie uns

Öffnungszeiten
Mi. 9–12 und 13–18 Uhr
Do–Sa. 9–12 und 14–18 Uhr
So. 9.30–18 Uhr
Mo. und Di. geschlossen
Adresse Buchschacherstr. 2,
66292 Riegelsberg
Telefon 06806/9339742
facebook Café-Nostalgie-492481300791941/

Saarland

Blieskastel

Pausieren, durchatmen, genießen
Café & Bistro Auszeit

Das Leben ist schön! Und mit einer kleinen Auszeit am Tag wird es noch schöner. Dafür legt sich Café-Betreiberin Beate Theobald täglich ins Zeug. Mit Kaffeespezialitäten, einem kleinen Frühstücksangebot, selbst gebackenen Kuchen und Bistro-Gerichten wie Quiche oder Panini verwöhnt sie ihre Gäste im „Auszeit“ bei selbiger.

So erreichen Sie uns

Öffnungszeiten
Mo., Mi., Do., Fr. 9–18 Uhr
Sa. 9–14 Uhr, Di., So. geschlossen
Adresse Von-der-Leyen-Straße 9, 66440 Blieskastel
Telefon 06842/9463311
E-Mail info@auszeit-blieskastel.de
Online www.auszeit-blieskastel.de
facebook Auszeit Blieskastel, Café & Bistro

Saarlouis

Café Plaisir
Vorhang auf für den Aroma-Liebling Kaffee

Die dunkelbraunen Aroma-Böhnchen bedeuten für Carsten Schäfer alles. Er reist sogar extra nach Brasilien, um sie direkt beim Bauern einzukaufen. Auch für die Weiterverarbeitung des Kaffees sorgt er mit seinem schonenden Trommelröstverfahren selbst. Zu verkosten gibt es das dufte Ergebnis im „Café Plaisir“. Und für alle, die den Kaffee lieben, aber nicht um die Ecke wohnen: Es gibt auch einen Online-Shop.

So erreichen Sie uns

Öffnungszeiten
Mo.–Sa. 9–18 Uhr
So. geschlossen
Adresse Engelstraße 2, 66740 Saarlouis
Telefon 06831/488096
E-Mail info@cafeplaisir.de
Online www.cafeplaisir.de
Seminare Gutscheine via Website (individuelle Terminvereinbarung)

Fotos: Café Auszeit; Café Plaisir

Maison Créative Schatzkistchen für Stoffe und Kuchen

Mehr als 25 Jahre konnte man in dem liebevoll restaurierten Lothringer Bauernhaus nach weicher Wolle, feinen Stoffen, duftenden Seifen, Gewürzen und Tee stöbern. Dann kam 2008 das Café dazu. Gastgeberin Monika Fontaine und ihr Team umsorgen hier ihre Gäste mit täglich frisch gebackenen Kuchen, Torten und feinem Frühstück.

So erreichen Sie uns

Öffnungszeiten
Di.–Sa. 9.30–18.30 Uhr
So. 12–18.30 Uhr
Montag Ruhetag
Adresse Saarlouiser Str. 28, 66802 Altforweiler
Telefon 06836/4440
E-Mail info@maison-creative.de
Online www.maison-creative.de
Facebook Maison Creative

Süße Verführung mit traumhaften Torten im Café Kraus

Als Konditormeisterin Marie-Christine Knapp Anfang April 2018 die Räumlichkeiten des Traditionscafés „Kraus" übernommen hat, ging für sie ein lang gehegter Traum in Erfüllung. In modern-gemütlicher Atmosphäre bewirtet sie ihre Gäste mit viel Herzblut und köstlichen Kuchen und Torten, für die sie nur natürliche Zutaten verwendet.

So erreichen Sie uns

Öffnungszeiten
Mo.–Fr. 8.30–17.30 Uhr
Sa. 8.30–14 Uhr
So. 9–17.30 Uhr
Donnerstag Ruhetag
Adresse Kaiserstr. 9, 66386 St. Ingbert
Telefon 06894/8925466
Hochzeits- und Motivtorten auf Bestellung

Fotos: Maison Créative; Café Kraus: Selina Summer

Genuss-Cafés im reizvollen *Sachsen*

Bezaubernde Landschaften, eindrucksvolle Kunstsammlungen und eine Fülle an einzigartigen architektonischen Schätzen sind in Sachsen das eine. Cafés mit besonderer Note das andere

Foto: Anne-Katrin Hutschenreuther/annabellesagt.de

Franz Morish Nur guter Kaffee macht gute Tage

Ein echtes Kaffeeparadies für Liebhaber der grünen Bohne – und 200 m² Brooklyn-Flair für Leipzig

Als echtem Kaffeeliebhaber und ausgebildetem Kaffeesommelier ist „Franz Morish“-Inhaber Tom Geißler die Verarbeitung der Kaffeebohnen sehr wichtig. **Von der Röstung bis zur vollen Tasse** begleitet der Ex-Fußball-Profi die Bohnen, die er von einem ausgewählten Lieferanten in Hamburg bezieht. Die hauseigene Kaffee-Röstmaschine der Firma Giesen Coffee Roasters ist daher auch Mittelpunkt des Cafés, jederzeit bereit für Live-Röstungen. „Franz Morish“ bietet nicht nur zahlreiche Kaffeespezialitäten etwa aus Äthopien, Brasilien, Kolumbien, Guatemala oder Indien zum Probieren an, sondern auch zum Mitnehmen. Doch nicht nur der frisch geröstete Kaffee macht das Café so besonders.

„Für uns gilt die Devise: Das Leben ist einfach viel zu kurz für schlechten Kaffee.“

Die komplette Inneneinrichtung hat Tom Geißler selbst ausgesucht und dabei kräftig mit angepackt. Eines der Style-Highlights im Café: die Tische und Holztheken mit Kaffeesatz-Finish. Frühstücksfans starten mit Overnight Oats und Pancakes mit Blaubeeren gut in den Tag, feine Salate und prima Burger zum Lunch machen den Genuss perfekt. Übrigens: Der Name „Franz Morish“ ist eine Kombination aus einem klassischen deutschen Namen für das Handwerk und der englischen Redewendung „Schmeckt nach mehr“.

So erreichen Sie uns

Öffnungszeiten

Montag–Freitag 8–18 Uhr, Samstag 9–16 Uhr

Sonn- und Feiertage siehe Facebook

Adresse Goldschmidtstraße 39, 04103 Leipzig

Telefon 0341/97463892 **E-Mail** info@franzmorish.de

Online www.franzmorish.de **facebook** Franz Morish Kaffeerösterei

Text und Fotos: Anne-Katrin Hutschenreuther/annabellesagt.de

Fotos: miles media (3); DigiArt-Fotografie & Design/www.digiart-chemnitz.de

Kunst, Kaffee- und Barkultur in der CoffeeArtBar

Mitten im Kulturzentrum TIETZ in Chemnitz lockt das „CAB“ mit seinem Industrial Chic eine bunte Gästeschar an

„Auf unserer neuen Karte findet ihr neben Kaffee allerhand coole Drinks – jeder mit viel Geschmack und unfassbar viel Liebe hergestellt.“

Ein Café, dessen Look sich alle drei Monate verändert? Klingt spannend und ist es auch! Der kreative Kopf hinter der außergewöhnlichen Location heißt Volker Beyer.

In seiner „CoffeArtBar“, kurz „CAB“, gibt er Nachwuchskünstlern aus Chemnitz sowie Umgebung die Möglichkeit, kostenlos ihre Werke zu präsentieren. „Natürlich müssen wir alle Geld verdienen“, sieht der Unternehmer das klar, „aber ohne Kunst und Kultur bleibt das Leben doch grau und trist.“ Die Räumlichkeiten im ehemaligen DDR-Kaufhaus und dem heutigen Kulturzentrum TIETZ haben sich für das Projekt perfekt angeboten.

In rustikalem Industrie-Chic-Ambiente gibt es Kaffee von der Bremer Traditionsrösterei Azul. Gekrönt wird der mit sächsischer Heumilch – optional auch mit veganer Mandel- oder laktosefreier Milch.

Und wenn ich keine Lust habe auf ein Heißgetränk? No problem! Dann sind alkoholfreie Brausen, Bier, Longdrinks oder ein mit unfassbar viel Liebe hergestellter Cocktail eine köstliche Alternative. „Coffee“, tagsüber, die „Art“ begleitend und die „Bar“ am Abend – fertig ist das „CAB“. Ach ja, Livemusik wird den Gästen auch noch regelmäßig geboten.

So erreichen Sie uns

Öffnungszeiten Montag–Donnerstag 15–1 Uhr
Freitag und Samstag ab 15 Uhr (open end), Sonntag Ruhetag
Adresse Moritzstraße 20, 09111 Chemnitz
Telefon 0371/23451192
E-Mail cab@cab-chemnitz.de **Online** www.cab-chemnitz.de
Facebook Coffee•Art•Bar

Alles so schön shabby hier im *Marshalls Mum*

Wenn einer eine Reise tut, so kann er was erzählen… Und mitunter entspringt dabei sogar die Idee für ein eigenes Café

Okay, einmal muss sie hier einfach auftauchen, die „Magnolia Bakery“. Für alle, die jetzt ahnungslos mit den Schultern zucken: Das ist diiiiiie berühmte New Yorker Konditorei, in der sich Carrie Bradshaw mit ihren Freundinnen in der TV-Serie „Sex and the City“ so gern zum Tratschen trafen. Also genau die Backstube, die vielen Mädels den Traum vom eigenen Café in den Kopf pflanzte. So auch Isabell Busse. Als sie mit ihrer Freundin die legendäre Adresse besuchte, kam auch ihr der Gedanke: „So ein Café braucht Leipzig!“

„Ein Cupcake in New York entflammte mein Herz für ein eigenes Cafe.“

Zurück in der Heimat macht sie Nägel mit Köpfen. Ein geeigneter Laden war noch gut aufzutreiben. Aber woher das Kapital nehmen? Die Lösung: so viel wie möglich selber machen! **Tresen, Sitzbank und Eistruhe** baute ihr Freund. Die ersten Tische und Stühle fand sie in einer alten Scheune und bearbeitete sie so lange mit Sandpapier, Spatel und viel weißer Farbe, bis sie schön shabby aussahen. **Dank einiger Kronleuchter** und Omas Goldgeschirr war Isabells Puppenstube dann perfekt. Die Cupcakes im „Marshalls Mum“ hören übrigens auf so lustige Namen wie „Don Karamello“ und „Monsieur Pumpkin“. Wer braucht da noch Carrie, Charlotte, Miranda oder Samantha?

So erreichen Sie uns

Öffnungszeiten Mittwoch–Sonntag 12–19 Uhr,
Montag und Dienstag Ruhetag
Adresse August-Bebel-Straße 1, 04275 Leipzig
Telefon 0341/30698857
E-Mail info@marshallsmum.de
Online www.marshallsmum.de/das-cafe/

Foto: Ulrike Schacht für „Sugar Girls"/Callwey Verlag

Text und Fotos: Anne-Katrin Hutschenreuther/annabellesagt.de

Von der Ferne träumen im *Kokopelli Traveler-Café*

Ready to travel? Hier lockt man Gäste nach Indonesien, Bali, Mexiko und Afrika, aber auch zu Europas schönsten Orten

Im „Kokopelli" kommen nur echte mexikanische Quesadillas, köstliche Tacos und warme Currys auf den Tisch, genauso wie es die beiden Gründerinnen Yvonne und Angela auf ihren Reisen traditionell erlebt haben. **Vor allem Yvonne** liebt es, ihre Gäste mit Spezialitäten aus den Garküchen der Welt zu verwöhnen oder mit einem raffinierten Frühstück z. B. mit bretonischen Galettes oder auch frischen Croissants, für die sie extra einen Backkurs belegt hat. **Aber auch Healthy Food** kommt im „Kokopellli" mit seinem besonderen Ambiente, in dem sich u. a. auch eine Fahrrad-Rikscha findet, nicht zu kurz, denn: It's time for smoothies and bowls. Neben tollen Frühstücksangeboten und weitgereisten Bieren achten die Ladys vom „Kokopellli" sehr auf regionale Erzeugnisse aus nachhaltiger Produktion. Fragt man nach, wie sich das Café, das nach einer Figur aus der Mythologie der Anasazi-Indianer benannt ist, versteht, sind sich Angela und Yvonne einig: Hier soll man gern an Urlaube zurückdenken, von Sandstränden träumen oder vielleicht sogar die nächste Asia-Tour planen. Meet-ups, Fotoausstellungen, Reisevorträge und Buch-Präsentationen runden das Angebot ab. Es wird Zeit für neue Abenteuer!

„Wir wollen ein Ort der Begegegnung und Inspiration sein für alle."

So erreichen Sie uns

Öffnungszeiten Dienstag–Freitag 9–22 Uhr, Samstag und Sonntag 10–22 Uhr
Adresse Merseburger Straße 103, 04177 Leipzig
Telefon 0178 3037631 **E-Mail** mytravelercafe@gmail.com
Online www.kokopelli-das-traveler-cafe.business.site
Veranstaltungstickets via info@ticket.io

Wohnzimmer-Flair und Raum für Kultur im Bubu

Sie haben lange die Welt erkundet, bis sie im Leipziger Osten endlich angekommen sind. Ihr Ziel: Auf gute Nachbarschaft!

Einmal um die ganze Welt, das war das Ziel von Marvin Strotmann, dem studierten Musikmanager, und der gelernten Maskenbildnerin Greta Orlishausen. Lange zog es sie von einem Ort zum anderen, bis sie schließlich im Leipziger Stadtteil Reudnitz ihren Platz gefunden haben. **„Wir haben uns überlegt,** welche Stadt wir mögen und wo wir uns vorstellen könnten zu leben." „Wir sind überzeugte Reudnitzer", verrät Marvin lachend, und Greta nickt zustimmend. Schon der Name „Bubu" weckt Erinnerungen aus Kindheitszeiten, und genauso ist es im Café der beiden Globetrotter auch. Hier erinnert alles an ein gemütliches Wohnzimmer wie zu Omas Zeiten, aber nicht mit übertriebenem Kitsch, sondern mit viel Wärme und Liebe zum Detail.

„Genau hier können wir mitgestalten und mit unserem Café das Viertel beleben."

Mit ihrem Café haben Greta und Marvin einen wunderbaren Ort geschaffen, an dem man den Alltag für eine Weile vergessen, ihn sich mit selbst gebackenen französischen Leckereien versüßen oder ihn in leckeren Suppen unterrühren kann. Meist kocht, bäckt und werkelt Greta begeistert in der Küche, während Marvin den Service übernimmt. Ein eingespieltes Team eben! Unser Tipp: Lass dich nieder, trink einen Chai Latte und genieß die Herzlichkeit.

So erreichen Sie uns

Öffnungszeiten Dienstag–Sonntag 11–19 Uhr
Montag geschlossen
Adresse Täubchenweg 88, 04317 Leipzig
E-Mail mail@cafebubu.de
Online www.cafebubu.de
Facebook Café Bubu Leipzig

Text und Foto: Anne-Katrin Hutschenreuther/annabellesagt.de

Leipzig

Frühstück & Gemütlichkeit den ganzen Tag
Mein liebes Frollein

Mit frisch gebrühtem Kaffee, ausgefallenen Teesorten, liebevoll arrangierten Frühstückstellern und hausgebackenen Torten, die je nach Lust und Laune wechseln, wird man hier verwöhnt. Im Café steht Betreiberin Elisa selbst noch hinter dem Tresen und begrüßt jeden Gast mit einem Lächeln. Hier beginnt der Tag mit einem Flat White (doppelter Expresso mit Milch, keine Haube) und Lieblingsfrühstück!

So erreichen Sie uns

Öffnungszeiten
Di.–So. 9–18 Uhr
Montag geschlossen
Adresse Fichtestraße 15,
04275 Leipzig
Telefon 0341/67928421
Online www.meinliebesfrollein.de
Facebook meinliebesfrolleinleipzig

Texte und Fotos: Anne-Katrin Hutschenreuther/annabellesagt.de

Chemnitz

Emmas Onkel
Hier schmecken die Streusel nach Butter

La dolce Chemnitz. Mitten im größten zusammenhängenden Jugendstilviertels Deutschlands liegt das kleine Eck-Café „Emmas Onkel“. Hier schmecken die Streusel noch richtig nach Butter, und der Kuchenrand ist auch mal krumm. Der Kuchen wird zum Kaffee „geditscht“, weil er so herrlich süß ist, und alle Kreationen werden mit viel Fantasie zusammengestellt.

So erreichen Sie uns

Öffnungszeiten
Di.–So. 14–20 Uhr,
Montags geschlossen
Adresse Weststraße 67,
09112 Chemnitz
Telefon 0371/28306457
E-Mail info@emmas-onkel.de
Online http://emmas-onkel.de

Kommen Sie doch mal nach Sachsen-Anhalt

Neben sehenswerten Städten wie Halle, Magdeburg und Quedlinburg trifft man hier auch eine Menge backfreudiger Damen, die zu Kaffee und duftenden Küchlein laden

Foto: Mademoiselle Cupcake

Fotos: Café Herzstueck

Lust auf süß: Herzstück – das Kuchenatelier

Es waren einmal zwei Backfeen, eine Leidenschaft und eine gemeinsame Projekt-Idee. Eine märchenhafte Geschichte …

Ein bisschen erinnern sie an die Grimmschen Schwestern Schneeweißchen und Rosenrot, die blonde Melanie Weber und die dunkelhaarige Lena Oschmann. Und tatsächlich ist für die passionierten Bäckerinnen mit „Herzstück – dem Kuchenatelier" ein Märchen wahr geworden.

„Das Besondere bei uns: Jede Woche servieren wir neue Süßwaren."

Über die Leidenschaft fürs Backen hatten sie sich kennengelernt. Der Traum vom eigenen Café war entstanden und im Herbst 2015 in Erfüllung gegangen. Seitdem beglücken sie ihre Gäste in Magdeburgs Stadtfeld Ost wöchentlich mit wechselnden Kuchen und Torten, darunter auch vegane sowie laktosefreie Varianten.

Mit viel Liebe zum Detail haben die beiden Frauen die Räumlichkeiten ihres Café in einen pastellfarbenen Vintage-Mädchentraum verwandelt – und bereits vergrößert. Nun finden im „Herzstück" auch Backkurse statt, in denen Lena etliche Kniffe sowie Tricks aus ihrer Erfahrungsschatzkiste verrät. Überhaupt ist den beiden der persönliche Kontakt zu ihren Gästen wichtig. Deshalb sind meist beide, aber wenigstens eine immer im Café. Die Menschen persönlich zu begrüßen, sie vielleicht an das zu erinnern, was ihnen beim letzten Besuch so gut geschmeckt hat, das ist den Backfeen eine echte Herzensangelenheit.

So erreichen Sie uns

Öffnungszeiten Mittwoch–Freitag 12–19 Uhr
Samstag 14–19 Uhr, Sonntag 10–13 Uhr und 14–19 Uhr
Montag und Dienstag geschlossen

Adresse Goethestraße 4, 39108 Magdeburg

Telefon 0391/59849866 **E-Mail** herzstueck@kuchenatelier.de

Online www.kuchenatelier.de **Facebook** Herzstück - Das Kuchenatelier

Französisches Flair im Mademoiselle Cupcake

Ein Hauch Paris in Magdeburg. Was für eine zauberhafte Idee! Kurztrip in die Stadt an der Seine, die hier Elbe heißt

Sie tragen Namen wie „Marlene Niedlich“, „Cocos Chanel“ oder „Edith mit Pfiff“, sehen aus wie von Künstlerhand geformt und schmecken wie vom Himmel. Tina Eicher, die Erschafferin der süßen Pracht, ist Magdeburgs Grande Madame, äh pardon, Mademoiselle der Cupcakes. Und so heißt auch ihr Café.

„In unseren Backkursen möchten wir mit dir kleine, einzigartige Kunstwerke erstellen.“

In einem Ambiente aus Bistro-Tischen und Mobiliar im französischen Landhausstil kann man sich bei Tina farbenfrohe Macarons, kleine Tartelettes und Törtchen sowie ihre legendären Cupcakes auf der Zunge zergehen lassen und dabei einen gedanklichen Kurztrip in das Land unternehmen, in dem Patisserie und Feingeschmack zu Hause sind. Dazu gibt es handgebrühte Kaffeeleckereien, zubereitet mit Bohnen aus der Tangermünder Rösterei.

Die Fangemeinde von „Mademoiselle Cupcake“ ist groß, und das „Petit Café“ wurde nach drei Jahren zu klein. Deshalb hat Tina Eicher 2017 in Magdeburgs Innenstadt eine elegante Dependance eröffnet. Hier finden regelmäßig Backkurse statt, bei denen gezeigt wird, wie man selbst süße Mini-Kunstwerke schaffen kann. Für alle, die in der Nähe wohnen: Für ein süßes Catering rollt Tina in ihrem niedlichen französischen Oldtimer auch zu privaten Festen an. Très chic!

So erreichen Sie uns

Öffnungszeiten Dienstag–Freitag 10–18 Uhr,
Samstag und Sonntag 12–18 Uhr
City-Café Ernst-Reuter-Allee 20, 39104 Magdeburg
Petit Café Immermannstr. 23, Mittwoch–Sonntag 12–17 Uhr
Telefon 0391/59845505 **E-Mail** kontakt@feinetoertchen.de
Online www.mademoiselle-cupcake.de

Fotos: Mademoiselle Cupcake

Fotos: Stefan Deutsch für Schöne Dinge Café

Schöne Dinge Café
Süße Sachen statt bittere Pillen

Es gibt coole Concept Stores mit angesagtem New York Cheesecake in der Vitrine. Und es gibt charmante Läden mit Seele, in denen es wunderbar nach frisch gebackenem Kuchen duftet. Das „Schöne Dinge Café" gehört klar der zweiten Kategorie an.

Beheimatet in den Räumlichkeiten der Alten Apotheke wandern hier heute statt bitterer Pillen Geschirr, Deko-Artikel und leckere Spezialitäten wie handgemachte Schokolade, Lakritze und Liköre aus kleinen Manufakturen über den Holztresen. Allen, die die gemütliche Atmosphäre hautnah auskosten möchten, serviert Inhaberin Ute Weise Kaffee, Chai Latte und Lavendelschokolade, dazu Apfel-, Käse- oder Mohnkuchen nach Omas Rezept. Zum Glück gibt es sie noch, die schönen Dinge.

„Tun Sie Ihrem Leib was Gutes, damit Ihre Seele Lust hat, darin zu wohnen."

So erreichen Sie uns

Öffnungszeiten
Montag–Freitag 11–18 Uhr
Samstag und Sonntag 14–18 Uhr

Adresse Halberstädter Str. 141, 39112 Magdeburg

Telefon 0391/2428494

E-Mail info@schönedingecafe.de

Online www.schönedingecafe.de

Quedlinburg

Auf zur märchenhaften Kaffeestunde ins Café Froschkönig

Die Wände sind mit einer grün schimmernden Tapete bezogen, dicke goldene Bilderrahmen hängen daran, schwere Holzmöbel und Sofas runden das Jahrhundertwende-Ambiente ab. Andrea Gall hat viel Liebe und Mühe in die Einrichtung ihres Cafés gesteckt. Seit 2006 lädt sie Gäste bei Frankfurter Kranz, Stachelbeer- oder Käse-Baiser-Torte auf eine Reise in alte Zeiten ein. Charmant unterstützt wird sie dabei von zig Froschkönig-Figürchen.

So erreichen Sie uns

Öffnungszeiten
Di.–So. 13–18 Uhr
Montag geschlossen
außer an Feiertagen
Adresse Burgstraße 1, Ortsteil Gernrode, 06485 Quedlinburg
Telefon 03 94 85 / 6 01 38
www.gernrode-froschkönig.de

Halle I Saale

Nasch Madame Vegane und glutenfreie Konditorenkunst

Ob glutenfrei oder vegan: Schmecken muss es – und das allen Naschkatzen! So lautet das Motto von Konditormeisterin Anne Heinrich, die größten Wert darauf legt, dass ihre Torten, Cake-Pops, Kuchen & Co. geschmacklich den herkömmlich „geteigten" Backwaren in nichts nachstehen. In ihrem Café serviert Anne alias „Nasch Madame" die Leckereien auf Wunsch sogar an ein bequemes Bett (steht im Laden).

So erreichen Sie uns

Öffnungszeiten
Di.–Fr. 13–18 Uhr, Sa. 10–18 Uhr
So 12.30–17.30 Uhr, Mo. geschlossen
Adresse Kleine Ulrichstraße 25, 06108 Halle an der Saale
Telefon 03 45 / 2 08 44 46
E-Mail lecker@nasch-madame.de
Online www.nasch-madame.de

Fotos: www.feline-holidays.de; AZB

Der hohe Norden lädt ein!
Schleswig-Holstein

Reetdach-Idylle, Strandkorb-Gemütlichkeit, Gutshof-Ambiente, aber auch mal Industrie-Look nach New Yorker Loft-Vorbild: der nördlichste Zipfel Deutschlands ist ein Top-Ziel für Café-Fans

Foto: Daniela Lilienthal

Halb Schmuckladen, halb Café: Werkstatt Café

Hier ist Handgemachtes mit klarer Linie angesagt: frische Küche, hausgemachte Kuchen, individuelle Schmuckstücke

Mal eine Pause machen, den Kopf frei bekommen und sich neue Inspirationen holen: Das „Werkstatt Café“ in der Nähe vom Kleinen Kiel ist ein kultureller Treffpunkt, wo Gäste sowohl das kulinarische Angebot als auch die kreative Atmosphäre sehr schätzen. Cool ist nicht nur das geradlinige und geschmackvolle Design der Räumlichkeiten, sondern auch die Tatsache, dass Inhaberin Sandra Prill direkt nebenan in ihrer Goldschmiedewerkstatt ganz individuelle Schmuckstücke zaubert.

„Der Klassiker in unserem Café ist die Stachelbeertorte, dazu gibt's frisch gebrühten Kaffee.“

Im Café selbst werden täglich außer sonntags frisch zubereitete Leckereien serviert. Zu Sandras Wohlfühlprogramm für Gäste gehört morgens ein ausgewähltes Frühstücksangebot, mittags gibt es wechselnde Fleischgerichte sowie Vegetarisches, zudem stillen Suppen und saisonale Salate den kleinen Hunger. Hausgemachte Kuchen und ganz besondere Kaffeespezialitäten machen das Angebot perfekt. Die Qualität der Zutaten steht dabei immer im Fokus.

Das gilt auch für den selbst importierten italienischen Rotwein und die ausgesuchten Spirituosen. Wenn die Temperaturen es zulassen, findet sich auf der Terrasse des Cafés ein ruhiges Plätzchen für eine nachhaltige Auszeit im Grünen.

So erreichen Sie uns

Öffnungszeiten Montag–Donnerstag 11–18 Uhr
Freitag, Samstag 10–18 Uhr mit Frühstücksangebot
Adresse Dahlmannstraße 11, 24103 Kiel
Telefon 04 31/91 865 **E-Mail** info@werkstattcafe-kiel.de
Online www.werkstattcafe-kiel.de
Facebook Werkstatt Café Kiel

Fotos: Uta Jürgens

Foto: Ulrike Schacht für „Sugar Girls"/Callwey Verlag

Auf eine grüne Pause ins „mmhio“

Räumlichkeiten, Einrichtung, Speisen-Angebot: Bei Morlen Heinemann ist alles weit weg vom Standard

Mit durchgestylten, künstlich geglätteten Räumen kann Morlen Heinemann nichts anfangen. Sie liebt es rau, individuell und echt. Wie das aussieht, kann bestaunen, wer das „mmhio“ in Kiel besucht. Hier hat die studierte Volkswirtin und Interior-Designerin ihre Liebe zum coolen Industrie-Look New Yorker Loftwohnungen nach ihren Vorstellungen umgesetzt.

Die Decken im Café sind hoch, die Fenster bodentief, Rohre und Betonpfeiler freigelegt. Für Wärme und Gemütlichkeit sorgen ein dunkler Holzboden sowie eine vom Profi konzipierte Beleuchtung. Zum Teil dienen Werkbänke als Tische, Turngeräte als Sitzmöbel. Böcken und Pferd wurden für die optimale Höhe kurzerhand die Beine gekürzt.

„Alle Zutaten sind zu hundert Prozent biologisch.“

Den Namen für das Café hat Morlen bei einem Wettbewerb an ihrer Kunsthochschule ausgeschrieben. „mmhio“ steht für ein genuscheltes „lecker bio“. Für die Inhaberin war von Anfang an klar, dass ihr Angebot vegetarisch oder vegan sein sollte. Zu den Klassikern gehören täglich frisch gebackene Quiches, Kartoffel-Tortilla sowie eine Tagessuppe. Der ökologisch angebaute Kaffee stammt von Maya aus Hamburg. Wer Kaffee oder das Mittagsangebot übrigens mitnehmen möchte, bekommt alles in biologisch abbaubare To-go-Behälter verpackt.

So erreichen Sie uns

Öffnungszeiten Montag–Freitag 8–19 Uhr
Samstag 9–18 Uhr, Sonntag und Feiertage Ruhetage
Adresse Knooper Weg 75, 24116 Kiel
Telefon 0431/53036913
E-Mail info@mmhio.de
Online www.mmhio.de **Facebook** mmhio

Stöbern und schlemmen im *Drømme Hus*

Hier liegt es, das kleine Glück am Wegesrand: ein gemütliches Laden-Café, in dem man die Zeit garantiert vergisst

Ganz nah an der dänischen Grenze – wo, wie wir alle wissen, das Glück zu Hause ist – lädt das „Drømme Hus" in Weesby zum Träumen und Verweilen ein. Wer hier vorbeikommt, sollte eine Pause einlegen, die Zeit ein Weilchen anhalten und sich einfach am Leben freuen.

„Bei uns kann man ganz ohne Hast wahre Glücksmomente erleben."

In dem „hyggeligen" Café mit Garten und überdachter Terrasse werden Gäste mit kleinen Leckereien, süßen Köstlichkeiten und einer üppigen Frühstückskarte verwöhnt. **Die vorzüglichen Kuchen** und traumhaften Torten sind hausgemacht, ebenso die belgischen Waffeln nach uraltem Rezept. Und rundum ziehen lauter schöne Dinge die Blicke auf sich, warten darauf, entdeckt zu werden. Stunden könnte man hier mit Schauen und Stöbern verbringen. All das „Gedöns" , das Liliane Hansen hier versammelt hat, können die Besucher erwerben: Teller und Tassen, Kannen und Krüge, Gläser, Geschenk- und Deko-Artikel, Blumen und Pflanzen oder fein verpackte Lebensmittel ebenso wie die Möbelstücke im Shabby Chic. Mit dem „Drømme Hus" – dem Traumhaus – haben Inhaberin Liliane Hansen und ihr Team genau das geschaffen, wovon auch sie geträumt haben: einen Ort, wo man sich treffen, nach Herzenslust stöbern, einkaufen, schlemmen und träumen kann.

So erreichen Sie uns

Öffnungszeiten Siehe Homepage. Wer länger bleiben will, kann im zugehörigen Ferienhaus übernachten
Adresse Westerstraße 3 b / Ecke Schusterweg 1, 24994 Weesby
Telefon 0 46 05 / 18 952 86 **E-Mail** team@droemmehus.de für Tischreservierungen, Gutscheinbestellungen und mehr
Online www.droemmehus.de

Schleswig-Hlostein

Fotos: Daniela Lilienthal

Fotos: Ulrike Schacht für „Sugar Girls“/Callwey Verlag

Naschvergnügen im Kuhstall: Café Kerzenhof

Dorte Bork lädt auf ihrem wunderschönen Reetdachhof zu Kerzentauchen, Kuchen und Konzerten ein

Tassen und Teller stammen von den Dorfbewohnern. Tische, Stühle sowie Anrichten hat Dorte Bork in Dänemark und Holland gefunden, eigenhändig mit dem Anhänger nach Deutschland gekarrt, aufpoliert und angestrichen. Auch viele der Lampen, die von der Decke baumeln, sind selbst gemacht – aus einem alten Zylinder oder auch aus Cupcake-Förmchen.

Der „Kerzenhof" ist ein Landcafé wie aus dem Bilderbuch. Dabei sollten die Räumlichkeiten, die ursprünglich einmal der Kuhstall des alten Hofes waren, das Wohnzimmer der Familie geben. Doch Dorte war es nach drei Jahren Landleben ein bisschen langweilig geworden … **Sie eröffnete eine Kerzenwerkstatt,** wenig später kam das Café dazu. Gebacken hatte die Norddeutsche schon immer gerne. Um ihre Kenntnisse zu vertiefen, absolvierte sie in der Dorfbäckerei aber noch ein Praktikum.

Heute stehen Besucher vor Butterkuchen, Karamelltorte, Kirsch-Cupcakes und haben die Qual der Wahl. **Zum Liebling im süßen Angebot** gehört Dortes Apfelmustorte auf Biskuitboden. Fruchtig-frisch und sahnig-locker zergeht das norddeutsche Backwerk auf der Zunge. Sonntags kommen die Gäste gerne zum Frühstück. Abends werden regelmäßig Lesungen und Konzerte veranstaltet.

„Am Sonntag können Sie bei uns ausgiebig von 10 bis 13 Uhr frühstücken."

So erreichen Sie uns

Öffnungszeiten Mittwoch–Sonntag 14–18 Uhr
Gruppen auf Anfrage, an Feiertagen geöffnet
Adresse Judenstr. 10, 25725 Schafstedt
Telefon 04805/304
E-Mail kerzenhof@gmail.com
Online www.kerzenhof-dithmarschen.de

Süße Oase am Hafen
Café Klein Helgoland

Die Weite des Meeres, maritime Köstlichkeiten und ein überwältigendes Kuchenbüffet: Hier möchte man bleiben

Die grandiose Lage mit Blick auf den Wyker Yachthafen und die große, windgeschützte Terrasse machen das „Café Klein Helgoland" von Barbara Meyerhof zu einem Ort, an dem Besucher der Insel Föhr einfach nicht vorbeikommen. Im Inneren sorgt die Wohlfühlfarbe Blau für den besonderen friesischen Charme. **An den Wänden,** in offenen Regalen, auf den Tischen: Blau-weißes Dekor ist das Markenzeichen des Cafés. Hungrig oder durstig geht hier keiner weg. Dafür sorgen regionale Spezialitäten zu Frühstück oder Brunch, saisonale Köstlichkeiten für den kleinen und großen Hunger zu Mittag und Herzhaftes am Abend. Für Süßschnäbel ist das Café mit seinen verführerischen Kuchen und prachtvollen Torten ein wahres Paradies.

„In unserem Wintergarten schauen Sie direkt aufs Meer und trinken dabei einen ‚Gorch Fock-Kaffee'."

Eine überwältigende Vielfalt an exklusiven Kaffeespezialitäten, darunter natürlich typisch nordische Varianten wie Pharisäer oder „Gorch Fock-Kaffee", und eine umfangreiche Teekarte, auf der die kräftige Friesenmischung aus mehreren Schwarztees nicht fehlt, tragen das Ihre dazu bei. Abends verwandelt sich das Café in ein Restaurant mit nordisch-maritim inspirierten Bistro-Gerichten. Ein Apéritif auf der Terrasse macht das Glück perfekt.

So erreichen Sie uns

Öffnungszeiten Mittwoch–Sonntag 11–21 Uhr
An allen Feiertagen geöffnet
Adresse Achtern Diek 14, 25938 Wyk auf Föhr
Telefon 0 46 81/7 47 16 73
E-Mail info@cafe-klein-helgoland.de
Online www.cafe-klein-helgoland.de

Fotos: Christoph Mannhardt

Naschereien mit Spitze & Liebe *Sonjas Kuchenstübchen*

Hinein in die gute Stube! Das denkt wohl jeder, der das zauberhafte Café von Sonja Berg entdeckt. Eine prima Idee, denn hinter der Front mit dem verschnörkelten Schriftzug verbirgt sich ein romantischer Mädchentraum im Shabby Chic mit feinen Leckereien, die alle vernascht werden wollen. Welches Törtchen darf's (zuerst) sein?

So erreichen Sie uns

Öffnungszeiten

Di.–So. 9–18 Uhr, jeden ersten Sonntag/Monat Frühstücksbuffet

Adresse Am Markt 3, 24589 Nortorf

Telefon 0 43 92/9 14 27 55

Online www.sonjas-kuchenstuebchen.de

Stelly's Hüüs Töpferstube, Café und Teeladen zugleich

Das duftet! Öffnet man die Tür des Friesenhauses, lassen sich die hausgebackenen Klassiker des in dritter Generation geführten Cafés bereits erschnuppern. Heidelbeer-Sahne-Torte, Waffeln, Bratäpfel … mmh!

Serviert wird alles auf Geschirr der eigenen Töpferei. Das können Sie, genau wie den Tee, kaufen und so ein wenig Stelly's-Hüüs-Feeling mit nach Hause nehmen – für die Zeit bis zum nächsten Föhr-Besuch.

So erreichen Sie uns

Öffnungszeiten

Café, Töpferei und Teeladen sind geöffnet

Mo.–So. 11.30–18 Uhr

Adresse Oldsum 38, 25938 Oldsum

Telefon 0 46 83/3 06

Facebook Stelly's Hüüs

Foto Sonjas Kuchenstübchen: falkemedia Stadtmagazine GmbH

Einladende Lieblings-Cafés in Thüringen

Dänisches Hygge-Feeling genießen, mitten auf einer Brücke frühstücken oder bei „Oma Lilo" gemütlich Kaffee trinken – im Herzen Deutschlands bleiben keine Wünsche offen …

Foto: Franziska Albrecht/zukkermädchen.de

Fotos: holzundhygge.de/holzdesignpur.de

Café und Möbel mit Stil: Holz & Hygge

In dem gemütlichen Nordic Design Café in Jena duftet es nach Eiche, Kaffee und dänischen Zimtschnecken. Mmh…

„Das ist der neue Sweet Spot in Jena, wo stilvolle Designmöbel aus Holz auf den Duft von frischem Kaffee treffen."

Hygge boomt! Auch in Deutschland begeistern sich immer mehr für die dänische Lebensart, bei der es eher um Atmosphäre und Erleben als um Dinge geht. Denn mal ehrlich, es gibt doch nichts Schöneres, als mit den Liebsten zusammen zu sein, sich geborgen und zu Hause zu fühlen.

Genau dieses Gefühl stellt sich ein, wenn man das „Holz & Hygge" von Stefan und Franziska Weiland betritt. In der Innenstadt von Jena haben die beiden eine Oase nordischer Gemütlichkeit geschaffen. Entdeckt hatten sie die Räumlichkeiten bei einem Heimatbesuch im Sommer 2017. Dann ging alles flott. Sie zogen von Kopenhagen zurück nach Jena, eröffneten im Dezember „Holz & Hygge", und bereits im Februar 2018 wurde ihnen der Thüringer Innovationspreis für ihr Cross-Channel-Geschäftskonzept, Café mit angeschlossenem Shop für Holzmöbel im nordischen Design, verliehen. Der Clou nämlich ist: Während Franziska die Gäste mit noch warmen Zimtschnecken und duftendem Kaffee verwöhnt, können diese zugleich Stühle Probe sitzen oder auch Holzleuchten betrachten und bei Gefallen kaufen. Architekt Stefan Weiland steht dabei mit seiner Expertise zur Seite.

So erreichen Sie uns

Öffnungszeiten Dienstag–Freitag 10–19 Uhr
Samstag 10–17 Uhr, Sonntag geschlossen
Adresse Unterlauengasse 2, 07743 Jena
Telefon 01 76 76 47 03 13
E-Mail hej@holzundhygge.de
Online www.holzundhygge.de **Facebook** Holz & Hygge

Foto: Franziska Albrecht/zukkermädchen.de

Eiscreme, Cupcakes und mehr im Zucker & Zimt

Salty-Peanut-, Kürbis-Zimt-Eis, Mango-Törtchen … Der Weg zum Erfurter Domplatz ist mit allerlei Versuchungen gespickt

Kein Suchen, keine Fragerei: Wer zur Eiscreme & Cupcake-Manufaktur „Zucker & Zimt“ möchte, findet diese ganz leicht. Liegt sie doch in der Marktstraße, also quasi an der Herzschlagader Erfurts, die zum Domplatz führt.

Für Herzklopfen sorgt hier der Blick in die Eisvitrine. Im Schnitt 16 Sorten, davon die Hälfte vegan, buhlen darin um die Gunst der Schleckermäuler. Während die Erfurter meist genau wissen, was sie wollen, und häufig zu den Lieblingen Salty Peanut, Schoko-Chili-Orange oder (im Herbst) zu Kürbis-Zimt greifen, haben es Neulinge schon ein bisschen schwerer. Auch weil Inhaberin Franziska Eichholz zudem dreierlei hausgebackene Eiswaffeln bereit hält: Schoko, Vanille sowie eine vegane Sorte mit Zimtgeschmack.

„Die Hälfte unseres Eis- und Cupcake-Angebots ist vegan. Außerdem haben wir viele laktosefreie Leckereien.“

Die gebürtige Eisenacherin ist in einer Gastronomiefamilie aufgewachsen, hat Hotel- und Tourismus-Management studiert, bevor sie vor vier Jahren ihre Manufaktur eröffnete. Neben Eis sind feine Cupcakes Franziskas Spezialität. Auch hier bietet sie eine feine Auswahl an veganen und laktosefreien Varianten an. Ihr persönlicher Favorit? Mango! Oder doch lieber Himbeere? Schoko-Erdbeer-Vanille-Eis schmeckt aber auch lecker …

So erreichen Sie uns

Öffnungszeiten Montag–Samstag 11–18 Uhr
Sonntag 12–18 Uhr
Adresse Marktstraße 5, 99084 Erfurt
Telefon 0361/60275736
E-Mail erfurt@zucker-und-zimt.de
Online www.zucker-zimt-erfurt.de/erfurt.html

Mundlandung auf der Krämerbrücke

Stefan Kühn vollführt in seinem Café & Bistro im Herzen der Altstadt einen regional-mediterranen Brückenschlag

Erfurt ist die Stadt der Brücken, der Kultur – und der Cafés. Doch wo mit der Entdeckungstour im Klein-Venedig des Nordens beginnen? Warum nicht mit einem Rundumschlag, also in einem Café auf der Krämerbrücke inmitten der historischen Altstadt. Dort wo früher Händler ihre Stände auf der Brücke errichteten, stehen heute Fachwerkhäuser. In einem von ihnen ist das schnuckelige Café & Bistro „Mundlandung" beheimatet.

Nach einem ausgiebigen Frühstück mit Buttermilch Pancakes, zarten Croissants mit selbst gemachten Fruchtaufstrichen und Säften oder spanischem Spiegelei hat man garantiert die nötige Energie für einen Stadtbummel gesammelt.

Wenn man das Bistro danach überhaupt noch verlassen möchte. Denn eigentlich könnte man hier ganz bequem zu einer kleinen kulinarischen Reise durchstarten. Inhaber Stefan Kühn versteht es nämlich vortrefflich, Thüringer Zutaten modern und kreativ nach italienischem, französischem oder spanischem Vorbild auf den Tisch zu zaubern. Auch aus den Regalen lächeln mediterrane sowie regionale Leckereien, die zum Kauf angeboten werden.

„Zum Frühstück servieren wir Pancakes und hausgebackenes Granola-Müsli."

Unser Tipp zum Schluss: Süßschnäbel sollten unbedingt die Mohnwaffeln mit Karamellsoße kosten.

So erreichen Sie uns

Öffnungszeiten Montag–Sonntag 9–22 Uhr
Reservierung zu empfehlen
Adresse Krämerbrücke 28, 99084 Erfurt
Telefon 0361/6443844
E-Mail info@mundlandung.de
Online www.mundlandung.de **Facebook** Die Mundlandung

Foto: Katrin Klink/klinkdesign.de/http://dailyperfectmoment.blogspot.com

Liebling in der Brühlervorstadt: Oma Lilo

Wenn Robert Papsch an seine Großmutter Lilo denkt, stellt sich bei ihm ein Gefühl von Geborgenheit und Wohlbefinden ein. Und genau diese Wärme sollen auch Gäste in seinem Café in der Brühlervorstadt empfinden. Zitronen-Tarte, Käse- und Zupfkuchen, aber auch Frühstück oder Suppen werden an kleinen Bistro- und aufgearbeiteten Holztischen serviert. Als liebevolles Detail gibt's zu Cappuccino oder Kaffee einen selbst gebackenen Keks mit „Oma-Lilo"-Aufschrift. Sehr süß.

So erreichen Sie uns

Öffnungszeiten
Di.–Fr. 10–22 Uhr, Sa. 9–22 Uhr
So. 9–17 Uhr, Mo. geschlossen
Adresse Gorkistraße 16, 99084 Erfurt
Telefon 0361/43024911
Facebook www.facebook.com/Oma-Lilo-671151103050704/

Oststadtcafé
Der Duft von ofenfrischen Backwaren

Schon lange wehte durch das Haus unterhalb des Petersbergs der Duft ofenfrischer Backwaren, befand sich doch über Jahrzehnte eine Bäckerei darin. Dann stand es lange leer, bis die Räumlichkeiten vom jetzigen Inhaber wach geküsst wurden. Die Spezialität des „Oststadtcafés Eisenach" sind ohne Frage leckere Tortenkreationen und Cupcakes, alle mit großem handwerklichen Können hergestellt. Darüber hinaus gibt es leckere Eisspezialitäten eines regionalen Anbieters.

So erreichen Sie uns

Öffnungszeiten
Fr.–So., Feiertag 13–18 Uhr
Mo.–Do. nach Absprache
Adresse Ludwigstraße 2, 99817 Eisenach
Telefon 03691/2453210 **Mail:** service@oststadtcafe-eisenach.de
www.Oststadtcafe-Eisenach.de

Drogerie-Bistro
Charmanter Look aus vergangenen Tagen

An der Einrichtung hat Familie Straßburg seit der Umwandlung ihrer Drogerie in ein Café im Jahre 1990 nur wenig verändert. Noch immer schmücken grau gestrichene, nahezu deckenhohe Holzregale mit Glastüren die Wände. Hinzugekommen sind nur Tische und Stühle. Irgendwo müssen die hausgemachten Leckereien ja serviert werden. Zum Beispiel der stadtbekannte Käse-Baiser-Kuchen nach Familienrezept. Für den kommen die Leute ganz gezielt, erzählen die Straßburgs.

So erreichen Sie uns

Öffnungszeiten
Di.–Sa. 12–23 Uhr
So. 13–18 Uhr
Mo. geschlossen
Adresse Wenigemarkt 8, 99084 Erfurt
Telefon 0361/6422850
Fax 0361/6431848

Historisches Café in der Dichterstadt: Anno 1900

Als Wintergarten eines Hotels im Jahr 1890 eröffnet, sollen die wunderbaren Räumlichkeiten des Cafés bereits Berühmtheiten wie Franz Kafka und den Architekten Walter Gropius verzaubert haben. Bis heute hat das „Anno 1900" nichts von seiner stimmungsvollen Atmosphäre verloren. Tipp: Freitags und samstags erklingen ab 21 Uhr Pianotöne im Restaurant.

So erreichen Sie uns

Öffnungszeiten
Mo.–Fr. ab 13 Uhr
Sa. und So. ab 12 Uhr
Adresse Geleitstraße 12 A, 99423 Weimar
Telefon 03643/903571
Mail kontakt@anno1900-weimar.de
Online www.anno1900-weimar.de

Fotos: Oma Lilo: Lea Teschauer/www.feels-like-erfurt.de; Oststadtcafé; Drogerie Bistro: Meike Nordmeyer/www.meikemeilen.de; Anno 1900: Lars Mielke

„Hier findest du dein Lieblingscafé ganz schnell.“